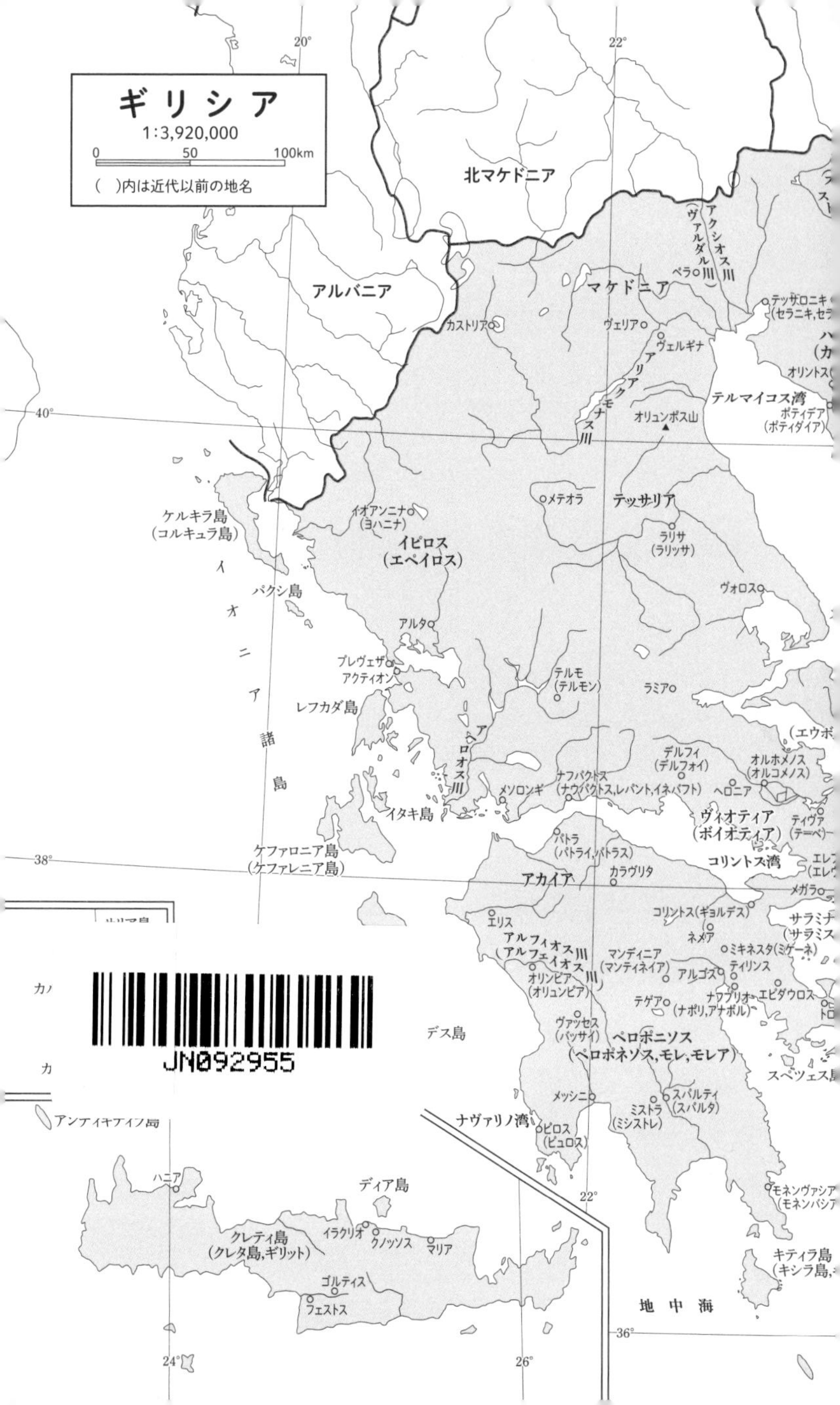

ギリシア
1:3,920,000
0 50 100km
( )内は近代以前の地名
北マケドニア
アルバニア
マケドニア
アクシオス川
(ヴァルダル川)
ペラ
テッサロニキ
(セラニキ,セラ
カストリア
ヴェリア
ヴェルギナ
アリアクモナス川
オリュンポス山
テルマイコス湾
オリントス
ポティデア
(ポティダイア)
メテオラ
テッサリア
イオアンニナ
(ヨハニナ)
イピロス
(エペイロス)
ラリサ
(ラリッサ)
ヴォロス
ケルキラ島
(コルキュラ島)
イオニア諸島
パクシ島
アルタ
プレヴェザ
アクティオン
レフカダ島
テルモ
(テルモン)
ラミア
アヘロオス川
デルフィ
(デルフォイ)
オルホメノス
(オルコメノス)
ナフパクトス
(ナウパクトス,レパント,イネバフト)
メソロンギ
ヘロニア
イタキ島
ヴィオティア
(ボイオティア)
ティヴァ
(テーベ)
ケファロニア島
(ケファレニア島)
パトラ
(パトライ,パトラス)
カラヴリタ
コリントス湾
アカイア
メガラ
コリントス(ギョルデス)
エリス
サラミナ
(サラミス
ネメア
アルフィオス川
(アルフェイオス川)
マンディニア
(マンティネイア)
ミキネスタ(ミケーネ)
ティリンス
オリンピア
(オリュンピア)
アルゴス
テゲア
ナフプリオ
(ナポリ,アナポル)
エピダウロス
ヴァッセス
(バッサイ)
ペロポニソス
(ペロポネソス,モレ,モレア)
スペツェス島
メッシニ
スパルティ
(スパルタ)
ミストラ
(ミシストレ)
ナヴァリノ湾
ピロス
(ピュロス)
モネンヴァシア
(モネンバシア)
キティラ島
(キシラ島,
デス島
アンティキティラ島
ハニア
ディア島
イラクリオ
クノッソス
マリア
クレティ島
(クレタ島,ギリット)
ゴルティス
フェストス
地中海
20°
22°
24°
26°
40°
38°
36°

YAMAKAWA SELECTION

ギリシア史 下

桜井万里子 編

山川出版社

［カバー写真］
ツィプラス率いるSYRIZAの勝利
（2015年総選挙）

目次

上巻目次

■凡例

1　古典ギリシア語の母音の長短は原則として区別しない。ただし、地名、人名については慣例に従った場合もある。なおΦをカタカナで表記するにあたってはfの音で表記する。近現代ギリシア語の場合は、γεの転写yeは「ィエ」ではなく「ゲ」、γιの転写yiは「ィイ」ではなく「ギ」と表記する。

2　ギリシア語をラテン文字に転写する際の原則については、古典ギリシア語、近代ギリシア語(MGSA方式を採用)それぞれについて表A、Bを参照のこと。

3　近代ギリシアでは1923年2月16日までユリウス暦が使われていたが、本書における年代は、年表を含め、原則としてグレゴリウス暦を基礎にした。

表A　古典ギリシア語の転写方式

ギリシア文字	ラテン文字
Α, α	A, a
Β, β	B, b
Γ, γ	G, g
Δ, δ	D, d
Ε, ε	E, e
Ζ, ζ	Z, z
Η, η	Ē, ē
Θ, θ	Th, th
Ι, ι	I, i
Κ, κ	K, k
Λ, λ	L, l
Μ, μ	M, m
Ν, ν	N, n
Ξ, ξ	X, x
Ο, ο	O, o
Π, π	P, p
Ρ, ρ	R, r
Σ, σ, ς	S, s
Τ, τ	T, t
Υ, υ	Y, y
Φ, ϕ	Ph, ph
Χ, χ	Ch, ch
Ψ, ψ	Ps, ps
Ω, ω	Ō, ō
Ου, ου	Ou, ou

表B　近現代ギリシア語の転写方式

ギリシア文字	ラテン文字
Α, α	A, a
Β, β	V, v
Γ, γ	G, g, i, eの前はY, y
Δ, δ	D, d
Ε, ε	E, e
Ζ, ζ	Z, z
Η, η	I, i
Θ, θ	Th, th
Ι, ι	L, i
Κ, κ	K, k
Λ, λ	L, l
Μ, μ	M, m
Ν, ν	N, n
Ξ, ξ	Ks, ks
Ο, ο	O, o
Π, π	P, p
Ρ, ρ	R, r
Σ, σ, ς	S, s
Τ, τ	T, t
Υ, υ	I, i
Φ, φ	F, f
Χ, χ	H, h(sの後はch, kh)
Ψ, ψ	Ps, ps
Ω, ω	O, o
Ει, ει	I, i(動詞の最後ではei)
Οι, οι	I, i
Αι, αι	E, e(動詞の最後ではai)
Ου, ου	U, u
Αυ, αυ	Af, af(無声子音が続く)/Av, av
Ευ, ευ	Ef, ef(無声子音が続く)/Ev, ev
Γγ, γγ	Ng, ng(語頭ではG, g)
Γκ, γκ	Ng, ng(語頭ではG, g)
Μπ, μπ	Mp, mp(語頭ではB, b)
Ντ, ντ	Nd, nd(語頭ではD, d)
Τζ, τζ	Tz, tz
Τσ, τσ	Ts, ts

山川セレクション

ギリシア史 下

第五章　オスマン帝国時代

1　「トルコの支配」とギリシア史

さまざまなギリシア史

　ギリシア史というとき、すでに先行の諸章でも論ぜられているように、必ずしも一義的ではない。本章で扱う十四世紀後半から十八世紀末までの時期について考えても、なにをギリシア史と呼ぶかは、必ずしも一義的に明らかなわけではない。最狭義にとらえれば、当該時期における今日のギリシア共和国の国土にあたる空間を舞台とする諸事象の歴史と規定しうるであろう。しかし、今日のギリシア共和国の領域は、十九世紀にいわゆるギリシア独立運動によってギリシア王国が成立したときに大枠が定まり、その後多少の変更をみたのであり、あくまで近代にはいり成立したものにほかならない。

　より広くとらえれば、ギリシア語を母語とし、のちに自らをギリシア人として意識するようになった人々の歴史である。近代に引きつけてみれば、人間集団としての「ギリシア民族」の歴史である。こうとらえると、その空間的広がりは飛躍的に拡大し、「ギリシア人」の存在していたすべての空間に広がる。

しかし、ギリシア語を母語とする人々は、前近代において、自らをなによりも「ロメイ（ローマ人）」と意識していた。そして、奇しくも、この人々の大多数を支配下におくこととなったオスマン帝国もまた、この人々をルーム、すなわちローマ人と呼んだ。そして、その意味するところは、広義ではかつてローマ帝国の臣民であり、東方正教（ギリシア正教）を奉ずる人々であり、狭義ではギリシア語を母語とし東方正教を信ずる人々ということであった。とすれば、この当該時期における「ギリシア史」として、いまひとつ、かつての東ローマ帝国、すなわちビザンツ帝国のなかにおける、かつてその中核をなしたギリシア語を母語とする人々の歴史としてもとらえうるであろう。それは、ビザンツ帝国が衰退消滅していったのちにおけるビザンツ帝国のそのあとをたどる歴史ともいえるであろう。

このように、たんに「ギリシア史」といっても多義的であり、視点によりさまざまでありうる。しかし、本書の基本的にめざすところは、かつてギリシア人が中核をなし、ギリシア語が支配的な文明語・文化語、のちには公用語とさえなっていったビザンツ帝国の領域のその後の歴史ではなく、人的要因としての「ギリシア人」全体の歴史でさえない。現代の国民国家としてのギリシア共和国とその過去の歴史である。それゆえ、ここでも叙述の基本的対象として、空間的に、今日のギリシア共和国の領域に焦点をあてる。

ギリシア史とオスマン史

しかし、オスマン帝国時代において、現在のギリシア共和国の領域にあたる地域は、かつてのローマ帝国の領域であった地域としてのルメリ、すなわち「ローマ人の土地」の一部として特徴づけられ、とらえられていた。そして、今日のギリシア共和国の国民の圧倒的多数を占める「ギリシア人」もまた、それより遥かに広汎な地域に広がり分布していたルーム、すなわち正教徒の一部として扱われていた。

このことを念頭におきつつ、本章ではまず、より広い空間的広がりとしてのルーム、すなわちビザンツ帝国のかつての領域が、いかにしてオスマン帝国の支配下に組み入れられていったかから説き起こし、この過程がいかにして、今日のギリシア共和国の領域におよんでいったのかを叙述していくことにしたい。

それとともに、より広い空間のなかで広義のルーム、すなわち正教徒がいかにしてオスマン帝国の支配のもとに組み入れられていったか、そしてその枠組みのもとで、狭義のルーム、すなわち正教徒にしてギリシア語を母語とする人々が、どのような位置を占めたか、そして最後に、今日のギリシア共和国の領域において、今日、ギリシア人としての意識をもつにいたった人々が、いかなる位置を占め、いかなる生活を送っていたかについて、語ることにしたい。

トゥルコクラティア

このような枠組みの設定は、近現代の「ギリシア史」の枠組みにおいては、いわゆるトゥルコクラティアすなわち「トルコの支配」の時代を扱うことを意味する。しかし、近現代ギリシア史において、トゥルコクラティアの歴史を扱うとき、その焦点は、支配の対象となったギリシア人とギリシアに主点がおかれ、支配の主体となったオスマン帝国にかんしては、ギリシア人支配とかかわる範囲においてのみ部分的に扱われるにとどまることが多い。

本章では、ギリシア史学のなかでトゥルコクラティアの時代として扱われる時代の「ギリシア」を扱うに際し、つねにオスマン帝国全体の歴史の流れ、オスマン帝国全体のシステムのあり方のなかに対象を位置づけつつ、叙述を進めていくこととしたい。

2　オスマン帝国のビザンツ世界征服の過程

ビザンツ世界のイスラーム世界への包摂

かつてのヘレニズム・ローマ世界が、西ローマ帝国の滅亡後、徐々に東西に分れ、東方のビザンツ世界と西方の西欧キリスト教世界が形成されつつあったころ、地中海世界における大文化圏、すなわち文化世界の配置を決定的に変化させたのは、七世紀中葉から八世紀中葉にかけての「アラブの大征服」によるあらたな文化世界としてのイスラーム世界の形成であった。

イスラーム発祥の地、アラビア半島から東西に押し出ていったアラブ・ムスリム戦士団は、シリアから北アフリカ地域、さらにイベリアにまで進出し、地中海世界は、ビザンツ世界、西欧キリスト教世界に加えてイスラーム世界と、三つの文化世界の鼎立するところとなった。そして、ヘレニズム・ローマ世界のもっとも直接的な後継者というべきビザンツ世界は、南半分を失い、ほとんどその北半たるアナトリアとバルカンのみに半減した。

八世紀中葉以降、ビザンツ帝国はアナトリアとバルカンを両翼として、アラブ・ムスリムのたび重なる侵攻を排し、残されたビザンツ世界の境域を守った。しかし、十一世紀後半にこの形勢に大きな転機がおとずれる。この転機をもたらしたのは、東方からのトルコ系ムスリムのアナトリアへの進出であった。

本来はアジア大陸の東北方、モンゴル高原の北方を起源の地とするトルコ民族は、長い年月をかけて南下西進を続けていった。そして七世紀後半から八世紀にかけて、「アラブの大征服」が進行し、アラブ・ムスリムが中央アジアに進出したころには、トルコ民族は中央アジアにいたっていた。元来はシャーマニズムを固有信仰としたトルコ民族は、中央アジアにいたり、仏教、景教(ネストリウス派キリスト教)、マニ教などを奉ずるようになっていった。しかし、アラブ・ムスリムの支配下で、徐々にムスリムへの改宗が進行し、十世紀中葉には、カラハン朝の君主がイスラームに改宗し、最初のトルコ系ムスリム王朝が出現した。その後も徐々に、中央アジアにおけるイスラーム的秩序、イスラーム文化の浸透定着の過程としてのイスラーム化が進行していった。そして母語としてのトルコ語は失わなかったものの、自らの母語を従来の諸文字に変えてアラビア文字で綴るようにさえなっていった。他方で、アッバース朝期には、アッバース朝カリフが子飼いの親衛軍として、なお非ムスリムのままの中央アジアのトルコ人を奴隷としたうえでムスリム化して用い、こうしてつくりだされた奴隷軍人(マムルーク)として、トルコ人がイスラーム世界の中核地域でも大きな役割をはたす例がみられるようになった。

このような状況のなかで、十一世紀前半、中央アジアで遊牧生活を送っていたトルコ系遊牧民のオグズ族が中央アジアからイラン高原へと南下し、セルジューク朝を樹立した。スンナ派のイスラームを奉ずるセルジューク朝は、バグダードのアッバース朝カリフからスルタンの称号を許され、イランとイラクを本拠として確立した。

セルジューク朝は、十一世紀中葉より、ビザンツ帝国の東半をなすアナトリアに、しばしば掠奪行のために軍を送り込んできた。そして一〇七一年、セルジューク朝のスルタン、アルプ・アルスラーンの率いるセルジューク軍は、大挙アナトリアに侵入し、アナトリア東部のマラズィギルド(マンズィケルト)の地で、ビザンツ皇帝ロマノス四世(在位一〇六八〜七一)の率いるビザンツ軍を大破し、皇帝を一時、捕虜とした。このマラズィギルドの戦いののち、ムスリム・トルコ系の王朝であるセルジューク朝によって、アナトリアは急速に征服されていった。

アナトリアの地は、トルコ系ムスリムによってもアナドルと呼ばれていたが、同時にルームと呼ばれた。ルームは、ローマのアラビア語化されたかたちで、ペルシア語にも同音で借用された語彙であり、トルコ語でも、第一義的にはローマ帝国の地、ローマ人を意味する。すなわち、トルコ系ムスリムもまた、ビザンツ帝国を「ローマ帝国」として認識していたのであった。マラズィギルドの戦いは、ギリシア化した東ローマ帝国を中核とするビザンツ世界のイスラーム世界への包摂のあらたな段階をもたらしたのであった。

と同時に、トルコ系ムスリムたちは、ルームという語を、ビザンツ帝国の正教徒の臣民、より限定されたかたちではギリシア語を母語とする正教徒を意味する語として用いた。マラズィギルドの戦いは、同時に、正教を奉じギリシア語を母語とする人々の集団としてのルーム、すなわちギリシア人が、イスラーム世界へと編入されていく端緒をも開いたのであった。

マラズィギルドの戦いののち、一方でセルジューク朝に属するトルコ系ムスリムがアナトリアに急速に進出していくなかで、他方では内紛を生じ、セルジューク朝の王族の一人スライマーン・イブン・クトゥルミシュが、一〇七七年に新征服地アナトリアを拠点に、独立王朝を創設した。後代、その本拠地にちなみルーム・セルジューク朝ないしアナドル・セルジューク朝と呼ばれるこの王朝のもとで、長らくムスリムにとっての処女地であったアナトリアの征服が急速に進み、一時はビザンツの帝都コンスタンティノープルから程遠からぬニカイア(イズニク)をえて、これを首都とするにいたった。このアナトリアにおけるトルコ系ムスリム勢力の急速な進出と、そしてセルジューク朝の一分派のイェルサレム奪取の際にキリスト教徒巡礼が圧迫されたという噂をきっかけに、一〇九六年に西欧世界で十字軍が結成された。翌年、アナトリアに到着した十字軍との戦いで、ルーム・セルジューク朝軍が敗れ、アナトリアにおけるルーム・セルジューク朝は一時後退を余儀なくされた。

しかし、ルーム・セルジューク朝は、十二世紀中にこの危機を克服し、十三世紀前半にはアナトリア中部の都市コンヤ(イコニウム)を首都として最盛期をむかえた。ルーム・セルジューク朝のもとで、アナトリアにおいては、ひとつにはイスラーム的秩序とイスラーム文化の浸透としてのイスラーム化が進行した。同時に東方からのトルコ系ムスリムの流入と、旧ビザンツ臣民の徐々なるイスラームへの改宗によって、イスラーム教徒の増大としてのムスリム化も進んでいった。そしてさらに、言語上も、一方でトルコ語を母語とするトルコ系の人々の流入と、他方で、非トルコ系言語を母語としてきたアナトリアの人々のトルコ語の受容とアイデンティティの変化によるトルコ化もまた進み始めた。

オスマン国家の出現

ルーム・セルジューク朝は、しかし、一二四三年、アナトリアに侵入したモンゴル軍と戦って敗れ、その属国と化し、急速に衰えていった。アナトリアのムスリム・トルコ系勢力は、中核をなすルーム・セルジューク朝の弱体化とともに急速に分裂し、ベイの称号をもつムスリム・トルコ系の君侯をいただく諸君侯国(ベイリク)へと、分裂していった。しかし、ムスリム・トルコ系勢力の全体としての活力は衰えず、群雄割拠のなかで相互間においても争いを繰り広げつつ、アナトリアに残るビザンツ帝国領にたいし、戦利品の獲得と征服をもめざすイスラームの聖戦(ガザー)を進め、西進していった。

この間、ビザンツ帝国は一二〇四年の第四回十字軍により一時帝都コンスタンティノープルを奪われ、ニカイアに退いてニカイア帝国としてコンスタンティノープルに十字軍側の樹立したラテン帝国と対峙し、一二六一年に、ようやくコンスタンティノープルを回復した。しかし、ビザンツ帝国の弱体化は急速に進み、バルカン方面でも、諸勢力が自立化し、ビザンツ帝国の政治的分裂が進んでいった。

このような情勢下、抗争を繰り返すアナトリアのムスリム・トルコ系勢力のなかで、十三世紀末に、イスラーム世界の西北のフロンティア、イスラーム世界とビザンツ世界のせめぎあう境界地帯に、オスマンと呼ばれる指導者の率いるムスリム・トルコ系の集団が登場した。これが、のちのオスマン帝国の源流である。原初のオスマン集団については、オスマン帝国が確立していくなかで、十五世紀に成立していった始祖伝説において、トルコ系オグズ族のカユ部族の部族長がオスマン家の源流であるとされ、十九世紀以来の近代史学においてもこれが受け継がれた。しかし、戦間期にこの通説への批判が現われ、今日では、オスマン帝国の源流について、遊牧部族説と、もはや遊牧部族の紐帯《ちゅうたい》を脱した、ガザーをこととする戦士(ガーズィー)の集団とする説が対立し、欧米の学者を中心にガーズィー集団説が有力化しながらも、なお結着をみない。ただ、対峙するビザンツ帝国側においても、なお残存したアナトリア領には、アクリタイと呼ばれる辺境防衛の戦士たちが存在しており、これのムスリム・トルコ版というべきガーズィーの集団であったと考えうるのではあるまいか。

いずれにせよ、イスラーム世界の西北の辺境、アナトリアのムスリム・トルコ圏の最西北のフロンティアに出現したオスマン集団は、ムスリム・トルコ系の諸君侯国とも争いながら、辺境の利をいかし、アナトリア西部に残るビザンツ領にたいする征服活動を進めていった。初代君主オスマンの父エルトゥグルルの時代には、アナトリア西北地域の内陸部のソウトを中心とするごく狭い地域によっていたオスマン集団は、オスマン時代に徐々に征服領域を広げていった。そして一三二四年にオスマンが没し、そのあとベイの称号のもとにオスマン朝第二代となったオルハン（在位一三二四～六〇）のもとで、二六年にはビザンツ都市プルサ（ブルサ）を征服し、ここを首都としたのち、急速に台頭し、十四世紀中葉までには、アナトリアの最西北部を支配下におさめた。この地域は、アナトリアのムスリム・トルコ圏の最西北の辺境ではあったが、逆に、アナトリアに残るビザンツ帝国領のうち帝都コンスタンティノープルにもっとも近い、最後の一端であり、コンスタンティノープルとボスフォラス海峡を隔てて対岸をなすスクタリ（ウスクダル）さえおとしいれていたといわれる。この立地はアナトリアを通過してビザンツ帝国の最後の核心コンスタンティノープルへと向かう陸上交通の要の地を手中にしたことを意味し、その後のオスマン国家の発展にとってきわめて重要な意味をもった。

なお、この段階での臣民の構成についてみれば、原初以来のムスリム・トルコ系集団を除けば、臣民の大部分は、正教を奉じギリシア語を母語とする旧ビザンツ臣民からなっていたと考えられる。

第二代オルハンのもとで、ブルサを首都とするにいたり、辺境の戦士集団からしだいに君侯国らしい支配の組織が形成され始めた。そして一三六〇年ころ没したオルハンを継いだその子で第三代のムラト一世（在位一三六〇頃～八九）の時代に、支配の組織は、ルーム・セルジューク朝経由でアナトリアに伝えられたイスラーム世界の組織モデルを受容しつつ急速に整えられていった。君主の補佐者として、行政・軍事にあたる大宰相（ヴェズィーリ・アーザム、ヴェズィラザム）とその補助者である複数の宰相《ヴェズィール》がおかれた。またイスラーム法官《カドゥ》制度が組織化され、その長としてカザスケル(軍人の法官)職がおかれた。軍制においても、従来のオスマン軍は、原初以来のムスリム・トルコ系の戦士たちに加え、帰順したムスリム・トルコ系のほかの君侯国の軍人たちと、さらに同じく帰順した旧ビザンツ帝国に属した軍人の一部をあわせた自由人身分の騎兵を主とする軍人からなっていた。しかし、このほかに、アッバース朝下で発達した異教徒で異民族出身の奴隷をムスリム化し訓練をほどこしたうえで用いる奴隷軍人(マムルーク)制度のオスマン版ともいうべき君主直属の常備軍団ができ、まず常備歩兵軍団としてのイェニチェリ軍団として組織された。この歩兵軍団の成立により、騎兵と歩兵を組み合わせた新戦術が可能となり、オスマン朝の軍事力は飛躍的に増大した。

この君主直属の奴隷軍人からなる常備軍団は、のちに騎兵軍団、さらに砲兵軍団などを加えてカプクル軍団と呼ばれた。この常備軍団要員は、当初は戦争捕虜五人にたいし一人の君主の戦利品取分権に基づき調達された。しかし、のち遅くとも十四世紀末までには、帝国領内のキリスト教徒臣民の子弟から強制徴集するデヴシルメ(少年徴集制度)によるようになった。デヴシルメにより徴集された少年たちは、君主の奴隷身分となり、ムスリムに改宗させられたうえ、常備軍団要員とされたが、その最優秀部分は宮廷に小姓(イチュ・オウラヌ)として採用され、のちには帝国の支配組織の幹部要員として育成された。このデヴシルメの制度は、旧ビザンツ帝国の臣民のなかから優秀部分をオスマン支配層へと吸収する通路として大きな役割をはたすとともに、君主による集権化、専制化の支柱ともなった。ムラト一世時代は、従来は「仲間中の第一人者」的であったオスマン朝の君主と戦士たちの関係が、しだいに君臣化していく出発点をなした。

アナトリアからバルカンへ

ムラト一世の時代、オスマン朝の支配領域も、東西へと大きく広がっていった。東方では、同じくムスリム・トルコ系の諸君侯と戦いつつその領域を併合していった。他方、西方では、はじめてバルカンへと進出した。すでに第二代オルハンの時代にダーダネルス海峡をこえてヨーロッパ側のゲリボル(ガリポリ、カリポリス)に拠点をえていたが、ムラト一世は即位後まもない一三六一年ころ、自ら軍を率いてバルカン側に大挙侵攻して、六二年にはトラキアのビザンツの重要都市アドリアノープルを征服した。このことによってビザンツ帝国は帝都コンスタンティノープルの西方の後背地の大半を失った。トルコ語ではエディルネと呼ばれたこの都市は、以後、バルカン方面におけるオスマン朝の活動拠点となった。エディルネは、一説では征服以後、ブルサにかわりオスマン帝国の首都となったともいわれるが、不明確である。ただ少なくとも十五世紀初頭には首都化したと考えられる。ムラト一世のバルカン進出をもって、オスマン朝は、今日のギリシア共和国の国土とも直接関わりをもつにいたった。

バルカン地域は、オスマン朝時代、トルコ語ではルメリと呼ばれた。ルメリとは、ルームすなわちローマとイル、すなわち土地を意味する語の合体されたものであり、「ローマ人の土地」を意味する。フロンティアの国家として誕生したオスマン朝にとって、この地は、発祥の地であるアナトリアよりも、より重きがおかれ、以後、同名の官職がルメリとアナドルにおかれたときは、つねにルメリ側のほうが、上位におかれた。

ムラト一世のバルカン進出のころまでに、ビザンツ帝国の版図は著しく縮小していた。島嶼《とうしょ》部を除くと、アナトリアではコンスタンティノープルを帝都とするパライオロゴス朝の領土はもはやほとんど消滅し、ただ西アナトリア内陸部のフィラデルフィアを残すのみとなっていた。これに加え、アナトリア東北部の黒海沿岸のトレビゾンド(トルコ名トラブゾン)を首都に、コムネノス朝系のトレビゾンド帝国が、わずかな版図を保っているにとどまった。

バルカンにおいても、その西部はほとんどステファン・ドゥシャンのもとで台頭したセルビア王国領と化し、東部の北半は、ブルガリア王国の支配下にはいっていた。南部の多くもまた、ラテン人たちの支配下に帰していた。こうして、バルカンのビザンツ帝国領は、トラキア、ストリュモンの大半、テッサロニキおよびその周辺にいたる地域、そしてペロポネソス半島の一部にとどまっていた。

島嶼部についても、そのほとんどはラテン人たちの支配下にあった。

すなわち、今日のギリシア共和国の版図は、ムラト一世のバルカン進攻前にすでに、セルビア領、ブルガリア領、そしてバルカン南部と島嶼部を中心とするラテン人領が主をなし、ビザンツ帝国領としては、上述の地を残すのみであった。そしてムラト一世の進攻とともに、バルカンにわずかに残るビザンツ帝国領のうちまずトラキアの大半とアドリアノープルが失われた。

バルカンにおいては、ムラト一世のバルカン進攻に先立つ十四世紀中葉までの時代においては、まずブルガリアが台頭した。しかしセルビアがステファン・ドゥシャンのもとで興隆すると、これと戦って敗れ、著しく衰えた。その後、セルビア自身も一三五二年にドゥシャンが没すると急速に分裂し弱体化した。ムラトは、こうして有力な対抗勢力が存在しないなか、一三八九年にセルビアを中心とするバルカン諸勢力の連合軍をコソヴォの戦いで大破し、バルカンの命運はほぼ決した。ムラト一世自身も、この戦いの最中にセルビア貴族により暗殺されたが、その子バヤズィット一世(在位一三八九〜一四〇二)が戦場でただちに即位した。バヤズィットはイュルドゥルム(電光)の異名をえた軍事の天才で、アナトリアとバルカンで征服を進め、オスマン朝はイスラーム世界に包摂された旧ビザンツ世界に立脚したイスラーム世界の辺境の新興帝国となった。ムラト一世の晩年からバヤズィット一世の初年にかけて、さらにテッサロニキ(トルコ名セラニク)を中心とする地域が、オスマン領に加えられた。

バヤズィット一世は、ビザンツの帝都コンスタンティノープルにたいしても数次にわたり包囲を試みたが、一四〇二年、中央アジアから進攻したティムールにアンカラの戦いで敗れ捕虜となり、〇三年に幽囚中に没した。ティムールは、オスマン朝のアナトリア領の多くをおのおの地域の旧君侯に戻し与え、アナトリア領の多くが失われた。ルメリ、すなわちバルカン領はテッサロニキなど一部を除き、大半はオスマン領として残ったが、これと、そしてアナトリアに残ったわずかなオスマン領の支配者の地位をめぐり、バヤズィット一世の王子たちのあいだで争奪戦が生じ、オスマン帝国は分裂と消滅の危機をむかえた。しかし、結局一四一三年、メフメット一世(在位一四一三〜二一)が帝国の再統一に成功し、消滅をまぬがれた。以後、第五代メフメット一世とその子で第六代のムラト二世(在位一四二一〜四四、四五〜四六、四六〜五一)の時代は主として失地回復に費やされることになった。

コンスタンティノープルの征服とその後

ムラト二世は、生前、隠遁生活を夢見て数回にわたり子息メフメット二世(在位一四四四、四五〜四六、五一〜八一)に譲位したが、危機の到来により何回か復位をよぎなくされ、在位中の一四五一年に没した。メフメット二世が当時オスマン帝国の首都となっていたバルカン領のエディルネで、そのあとを受けて第七代君主となった。老練な君主の逝去と若年の君主の即位を好機とみて、アナトリアに残るムスリム・トルコ系の諸君侯国中、オスマン朝の最大のライバルであり、ルーム・セルジューク朝の旧都コンヤによるカラマン君侯国が進攻した。わずかにコンスタンティノープルとその周辺、そしてペロポネソス半島の一部を有するにすぎなくなったビザンツ皇帝コンスタンティノス十一世は、この機にメフメット二世にたいしてコンスタンティノープルに亡命しているオスマン王族のオルハンの監視料の値上げを要求した。

メフメット二世は、一四五二年、まずエディルネを出発してアナトリアにはいり、カラマン討伐に向かい、これに成功して和を請わしめた。同年夏、その帰路、メフメット二世はコンスタンティノープル征服の意思を表明し、その下準備のためにコンスタンティノープルに向かった。そして、かつて第四代バヤズィット一世がコンスタンティノープル包囲にあたり同市の北方、ボスフォラス海峡のアジア岸に建設したアナドル砦(アナドル・ヒサール)の対岸にあたるヨーロッパ岸に、ルメリ砦(ルメリ・ヒサール)の建設に着手した。ビザンツ領内でのこの動きにたいするビザンツ皇帝の抗議も無視して、この砦の建設を終えたのち、メフメット二世は越冬のためにエディルネに帰還した。

一四五二年冬から五三年春にかけ、メフメット二世はコンスタンティノープル征服の計画を練った。そして、唯一陸続きで大規模な攻撃が可能な西郊の大城壁攻略のため、ハンガリー人ウルバヌスの提案をいれて巨砲を作成させた。この間、春に向けて、帝国各地に兵員と物資の動員の命令がつぎつぎと送られ、準備が整えられた。西欧世界の反応を危惧した父王以来の老臣で名門チャンダルル家出身の大宰相ハリル・パシャらの反対をおさえ、メフメット二世は一四五三年三月末にエディルネを進発して、四月初め、コンスタンティノープル城外に到着し、布陣した。この大都市を無傷で獲得することを望んだメフメット二世は、ビザンツ皇帝コンスタンティノス十一世にまず降伏勧告の使者を送ったが拒否され、包囲を開始した。コンスタンティノープルは、すでに荒廃著しく人口も旧に比し激減し、守備の兵員も一万人に満たなかったにもかかわらず、首都の巨大な城壁と北・東・南を取り巻く海によって攻囲は難航した。オスマン側でも、主戦派と和平派の対立が再燃し、ハンガリーのフニヤディの介入の脅迫を含む書状も到来した。ビザンツ側は、西欧からの本格的援軍の到来を切望したが、ついに援軍はあらわれず、五月二十九日、総攻撃のもとで、コンスタンティノープルは陥落し、皇帝は乱戦中に行方不明となり、ビザンツ帝国は滅亡した。

イスラームの掟シャリーアに従いやむなく略奪を許したメフメット二世は、その後、市内にはいり、それまで無傷であった市民の保護を宣言し、さらに都市再建に着手した。メフメット二世はエディルネからここに帝都を移した。この都市の名称として、ベレデイ・コスタンティニエ(コンスタンティヌスの街)の名も公式名称として残りつづけたが、しだいに、これまたギリシア語のエスティン・ポリン(都市へ、の意)に由来するイスタンブルの名が普及していった。

イスタンブルが帝都となったのち、メフメット二世のもとで、帝国の支配の組織の専制化、集権化が著しく進んでいった。ムスリム・トルコ系の名門出身の大宰相ハリル・パシャは処刑され、そのあとにはデヴシルメ(少年徴集制度)などにより集められた宮廷奴隷出身者が大宰相、宰相に任ぜられる例がふえていった。

コンスタンティノープル征服後、メフメット二世は、一四六〇年にはペロポネソスに残ったパレオロゴス系のモレア(ペロポネソス)専制公国を征服した。翌六一年には、コムネノス系のトレビゾンド

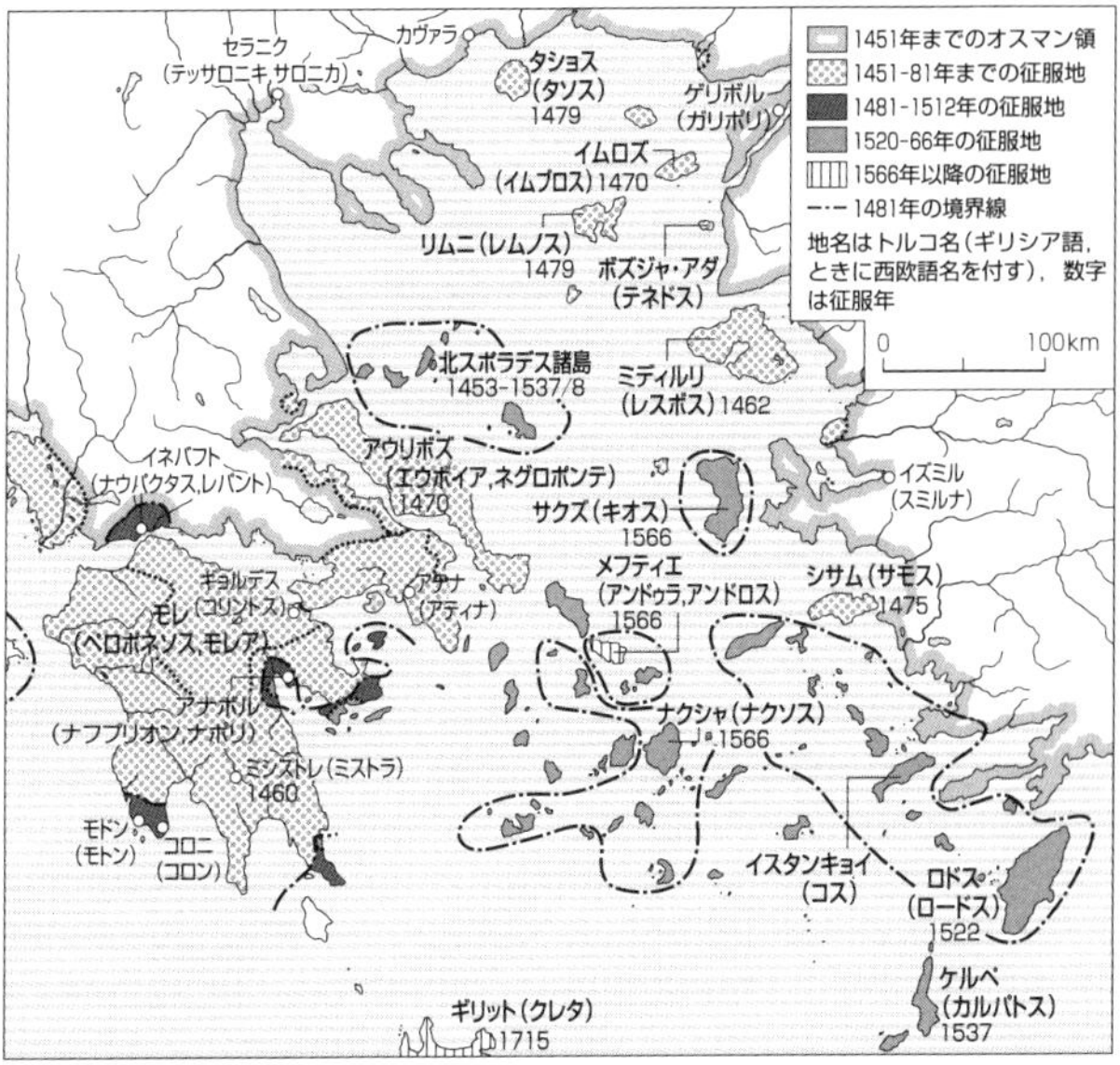

オスマン帝国によるエーゲ海沿岸の征服

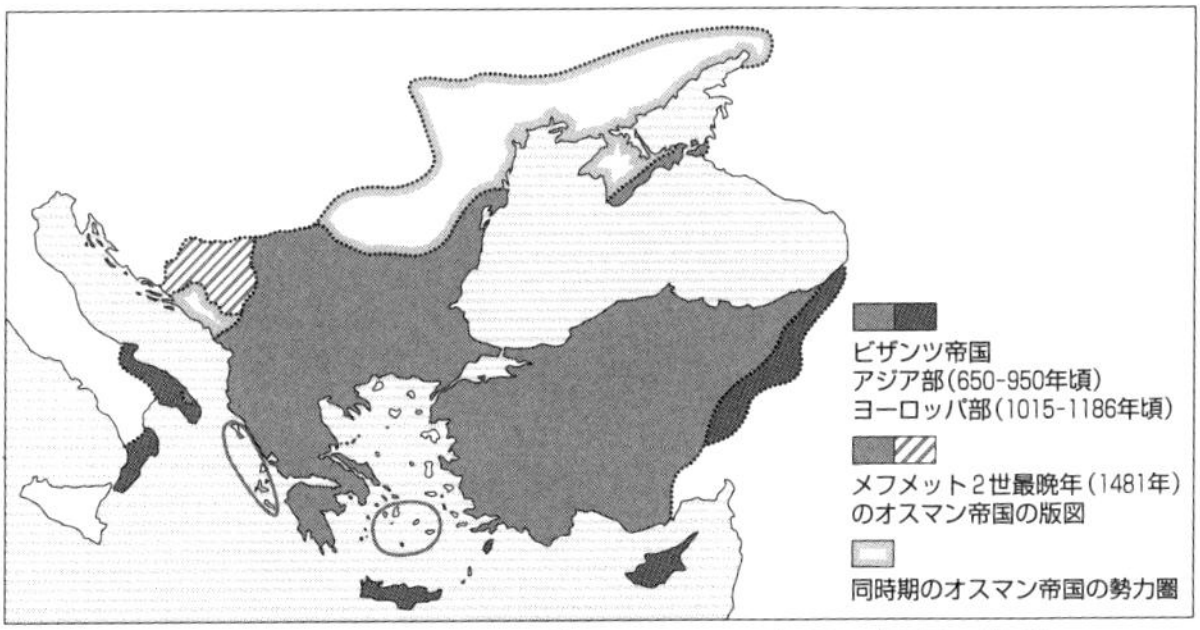

ビザンツ帝国とメフメット2世時代のオスマン帝国の版図の比較

帝国を征服し、ビザンツ帝国系の国家はすべて消滅するにいたった。

こうして、メフメット二世のもとでかつてのビザンツ世界の大半は、オスマン帝国支配下にはいり、そうでないのは、すでにムスリムの支配下にあるアナトリア東部と、エペイロスの一部などバルカンのごく限られた地域と、そしてラテン人の支配下に残った島々とペロポネソスの海岸部の一部を残すのみとなった。

ラテン人支配下の旧ビザンツ領の征服

オスマン帝国によるビザンツ世界、ギリシア人世界、そして今日のギリシア共和国の領域の包摂の過程は、一方ではビザンツ帝国、およびビザンツ帝国の領域のなかから生じ、文化的にはビザンツ世界に属するセルビアやブルガリアのような諸国家の領土の征服併合というかたちで進行した。この過程は、一四五三年のコンスタンティノープルの征服により最大のクライマックスをむかえた。そして、その後、十五世紀後半には、この過程はほぼ終了した。

いまひとつは、十字軍をきっかけとする西方の西欧キリスト教世界からの到来者、カトリックを奉じ主としてラテン系の諸民族出身者を中心とするいわゆるラテン人によって征服され、その支配下に残った諸地域にたいする、オスマン帝国の征服活動として進行した。この過程では、正教を奉じギリシア語を母語とし、自らをローマ人(ロメイ)と意識する人々にとっては、トルコ系ムスリムが核をなすオスマン朝とカトリックを奉ずるラテン人という、いずれも異文化世界に属する集団間の支配権争奪戦として推移した。

ラテン人支配下の旧ビザンツ領のオスマン朝による征服過程は、主としてアナトリア西海岸とバルカン南部と西部の沿海地域、そしてエーゲ海と東地中海北半を中心とする島嶼部を舞台として進行した。この過程は、十四世紀後半から進み始めたが、当初は陸地部で進行した。それは十四世紀においては、オスマン帝国が海軍力をほとんど有していなかったことによる。

十五世紀前半にはいると、オスマン帝国の海軍力は、ダーダネルス海峡ヨーロッパ側のゲリボルを拠点として徐々に発達していった。とりわけメフメット二世はコンスタンティノープル征服後に、海軍力増強に意を用い、ゲリボルとともにイスタンブルにも造船所を設け、オスマン海軍は飛躍的に増強されていった。その後、十五世紀後半には、エーゲ海の島嶼部において、まずジェノヴァ人の支配下にあった島々のうち、一四六二年にはレスボス(ミディルリ)、七五年にはサモス(シサム)、さらに七九年にはタソス(タショズ)、レムノス(リムニ)、プサラなどを征服した。

エーゲ海における島嶼部にたいするオスマン帝国の攻略過程で最大の転機をなしたのは、一五二二年、オスマン朝の第十代スレイマン一世(大帝、在位一五二〇~六六)によるロドス島の攻略であった。ロドスは、聖ヨハネ騎士団の支配下にあり、キリスト教徒の対ムスリム海賊活動の拠点であり、オスマン船舶のエーゲ海から東地中海にかけての航行の最大の障害ともなっていた。一五二二年のスレイマンによるロドス島および同じく聖ヨハネ騎士団に属していた周辺の一帯の島々の征服は、オスマン帝国の東地中海進出の画期点となった。

その結果、従来エーゲ海・東地中海において最大の海上勢力となっていたヴェネツィア支配下の島々もつぎつぎと征服されていった。ギリシア本土に近接するエウボイア(ネグロポンテ、アウリボズ)はすでに一四七〇年に征服されていたが、一五三七年から三八年にかけて、その北方の北スポラデス諸島がヴェネツィアから奪われた。同じく三七年には、ミコノス、さらにロドスの南方のカルパトス(ケルペ)島などがオスマン領となり、エーゲ海は「ラテン人の海」から転じて「オスマンの海」と化した。

その後、スレイマン没後、あとを継いだ第十一代セリム二世(在位一五六六〜七四)の初年の一五六六年にはジェノヴァ人支配下にあったキオス(サクズ)を攻略し、さらにナクソス公領であったナクソス(ナクシャ)とその周辺の島々を直轄領とした。こうして一五六〇年代には、ヴェネツィア領のクレタとその近辺のいくつかの島々を除き、エーゲ海周辺のラテン人支配下にあった旧ビザンツ領の島々のほとんどはオスマン領となった。

一五七一年には、東地中海東北岸に面し、リュジニアン朝からヴェネツィアが引き継いだキプロス(クブルス)が征服された。このオスマンのキプロス攻略の過程は、ヴェネツィアの運動によるキリスト教徒連合艦隊編成と、その結果としてのレパントの海戦でのオスマン艦隊の敗北をもたらした。しかし、この敗北も、当面、東地中海におけるオスマン帝国の覇権をゆるがすにはいたらなかった。

　オスマン帝国によるラテン人の支配下にあった旧ビザンツ帝国領の征服活動は、十七世紀にはいったあとも続き、長期にわたる継続的な戦いの末、一六六九年には、三つの砦を除くクレタ全土がヴェネツィア支配を離れ、オスマン支配のもとにおかれた。そして一七一五年、クレタ島を失った際にクレタにかえてヴェネツィアが獲得したコリントス(ギョルデス)、ナフプリオ(ナウプリア、ナポリ、アナボル)、ナヴァリノ(ナヴァリン)、コロン、モトン(モドン)など、ペロポネソスに残るヴェネツィア領全域とキクラデス諸島のひとつであるテノス(イステンデル)島とクレタにわずかに残ったヴェネツィア領の砦もまた、オスマン帝国により征服されるにいたり、ラテン人支配下にはいったビザンツ領のほぼ全域が、オスマン帝国支配下にはいることとなった。

　このことはまた、バルカン本土とエーゲ海島嶼部にまたがる現在のギリシア共和国の領土のほぼすべてが、オスマン帝国領となったことを意味する。

3 オスマン帝国支配下の正教徒とギリシア人

オスマン的統合システム

オスマン帝国は、イスラーム世界の古くからの中核部に位置してきたアラブ圏のイラク、シリア、エジプトや、イラン圏のイランといった諸地域に、「アラブの大征服」より遥か後代に成立した、もはやフロンティアをほとんどもたない諸王朝と異なり、ひとつの文化世界としてのイスラーム世界と異文化世界としてのビザンツ世界との境界線上に出現し、ビザンツ世界を包摂していくことによって発展していった王朝であった。しかも、オスマン集団は、アナトリアのムスリム・トルコ圏の最西北端の辺境であるとともに、もはや版図の大半を失ったビザンツ帝国のアナトリア西北端に残された最後のわずかばかりの領土に接する地域で征服活動を開始した。それゆえ、オスマン集団は、原初期以来つねに、ビザンツ帝国に属してきた正教を奉じギリシア語を母語とする人々をその支配下に組み入れつつ発展していった。

征服にあたり、最初期の記述史料には、教会を破壊し、あるいは教会をムスリムの共同礼拝所であるモスクに転用したとの記述はみられるが、旧ビザンツ臣民を強制的にムスリム化したとの記述はみられない。むしろ十五世紀初頭以来残る検地帳(タフリル・デフテリ)の記述や、法令集(カヌーン・ナーメ)の条文からみて、正教を奉ずる旧ビザンツ臣民を、そのまま支配下に組み入れてきたことが知られるのである。このやり方は、十四世紀後半にはいり、オスマン朝がバルカンに進出して、今日のギリシア領となっている地域を征服していく際にも保たれつづけた。

その際、あらたに支配下にはいってくる正教を奉じギリシア語を母語とする人々を、いかなるかたちで帝国の社会のなかに統合していったのであろうか。

この点について従来の通説は、オスマン帝国には固有のミレット(ミッレト)なる制度があり、このもとにギリシア系正教徒も含めた帝国の非ムスリムの全臣民が、独特の統合と共存のシステムのなかに組み込まれていたというものであった。このミレット制説によれば、オスマン帝国の非ムスリムの臣民は、おのおのギリシア正教徒とアルメニア教会派とユダヤ教徒からなる三つのミレットと呼ばれる宗教共同体に編成され、おのおののミレットは、人頭税(ジズヤ)の貢納をはじめとする義務をおうとともに、各自の長としてのミレット・バシュのもとで、固有の宗教と法と生活慣習を保ち、自治生活を営むことが許されていたとする。そして、さらに、このミレット制の起源として、一四五三年のコンスタンティノープル征服以後に、「征服者」メフメット二世によりギリシア正教徒に与えられた特権がしばしばあげられた。そして、このミレット制は、オスマン帝国に固有の制度として描かれてきた。

しかし、十五世紀から十六世紀初頭にオスマン朝の史家たちによって書き継がれた初期の年代記類にも、またほぼ同時代の法令集類にも、このような意味でのオスマン朝独自の制度としてのミレットなるものについての言及も、また、従来の通説の意味でのミレットの語の用例もみいだすことは困難である。

ミレットの語については、むしろ、この語の語源であるアラビア語のミッラの語の原義に近い、宗教共同体一般の意味で年代記中に用いられている例がわずかにみいだしうるにとどまる。

これにたいし、十五世紀から十六世紀初頭にかけての法令集においては、非ムスリムについて、むしろ、ズィンミー、エフリ・ズィンマといった語がしばしば用いられている。ズィンミー、エフリ・ズィンマといった語は、イスラームの戒律、規範体系であり法的側面もあるためしばしばイスラーム法とも訳されるシャリーアのなかで確立した制度としてのズィンミー制度にかかわる語である。これからみて、オスマン帝国におけるギリシア系正教徒も含む非ムスリムの処遇は、基本的にシャリーア上のズィンミー制度に基づいていたとみることができる。

それでは、ズィンミー制度とはいかなるものであろうか。イスラームにおいては、人間はムスリムと非ムスリムに大別され、非ムスリムはさらに一神教徒の「啓典の民(アフル・アル・キターブ)」と偶像崇拝者に二分された。人の住む世界は、ムスリムの支配下にありシャリーアが十全におこなわれている「イスラームの家(ダール・アル・イスラーム)」と、異教徒の支配下にあってシャリーアのおこなわれていない「戦争の家(ダール・アル・ハルブ)」からなるものとしてとらえられる。そしてムスリムは、和戦両様の「熱烈なる努力」すなわちジハード(聖戦)によって、「戦争の家」を「イスラームの家」へと包摂していく義務をおうと考えられた。

とりわけ戦争としてのジハードにより、「戦争の家」を「イスラームの家」に包摂するに際し、偶像崇拝者には改宗か死かの選択が迫られることとなっていた。しかし、唯一神を奉じその啓示の書をもつキリスト教徒やユダヤ教徒のような「啓典の民」については、ムスリム共同体との契約により、人頭税(ジズヤ)を中心とする貢納の義務と一定の行動制限に服すれば、ズィンマ(保護)を与えられたズィンミー(被保護民)として、シャリーアの秩序を乱さないかぎり、固有の信仰と法と生活慣習を保ち自治生活を営みながら、ムスリムとの共存が許容されることとなっていた。

このズィンミー制度は、たんなる理論にとどまらず、七世紀中葉から八世紀中葉にかけての「アラブの大征服」の際にも励行され、広大なイスラーム世界の形成と定着に資し、その後も、ムスリムによりかなりの程度に遵守《じゅんしゅ》されてきた。

オスマン帝国の形成発展の過程において、非ムスリムの処遇は、オスマン帝国固有のミレット制度によるというよりは、基本的にこのシャリーア上のズィンミー制度に基づいてなされていたといえよう。そしてビザンツ世界の正教を奉じギリシア語を母語とする人々も、基本的にズィンミーとして遇された。

こうして、かつてビザンツ帝国の臣民の中心をなした正教を奉じギリシア語を母語とする人々は、民族としてのギリシア人としてではなく、なによりも正教徒としてオスマン帝国の臣民のなかに位置づけられた。そして、それは正教を奉じギリシア語を母語とする人々の、ローマ人(ロメイ)にして正教徒というアイデンティティのあり方に、照応していた。

「ギリシア人」にたいする、このズィンミー制度に基づく処遇は、あくまでムスリム優位下の不平等のもとの共存ないしは許容であった。しかし、さまざまな差別を前提とする前近代のシステムのもとでは、双方の許容限界内において、ある程度安定した共存が形成されていたといえよう。すなわち、オスマン帝国の支配は、必ずしも「トルコの圧政」ではなく、「オスマンの平和《パクス・オトマニカ》」としての面も有していたといえよう。

正教徒社会におけるギリシア人

オスマン帝国支配下の非ムスリム臣民の処遇の制度としてのズィンミー制度のもとで、正教会に属する人々は、民族と言語を問わず一括して正教徒として扱われた。それゆえ、一括して広義のルーム(正教徒)として扱われる人々のなかには、言語とエスニシティの面でみると、ギリシア語を母語とするギリシア人、ブルガリア語を母語とするブルガリア人、セルビア語を母語とするセルビア人、ルーマニア語を母語とするルーマニア人、アルバニア語を母語とするアルバニア人から、アラビア語を母語とする者、さらにはトルコ語を母語とするにいたったカラマンルと呼ばれる人々まで、さまざまの人々が含まれていた。

そして、これらの人々は、なによりもキリスト教徒、そのなかでも正教徒という意識を有しつつも、多くの場合、母語をよりどころとしてエスニックな民族意識も第二次的な意識としては有していた。

このような状況のなかで、ズィンミーとしての正教徒の自治の受け皿としては、かつてのコンスタンティノープルの総主教を頂点とするビザンツ帝国時代以来の正教会の教会組織があてられた。このため、正教徒の共同体の中心は、かつてのコンスタンティノープルであり今はオスマン帝国の帝都となったイスタンブルであり、その運営の中心はイスタンブルの世界総主教座（オスマン帝国の正教徒臣民全体を統括する役割を担った正教会最高機関）を頂点とする正教会の上層部が握ることとなった。こうして、さまざまなエスニック・グループを包含するオスマン帝国支配下の正教徒のなかで、ギリシア系正教徒が著しく重きをなすようになった。

このような事態にたいしては、エスニシティを異にする正教徒のなかに、早くより反発も生ぜしめていた。とりわけ、ステファン・ドゥシャンの帝国というかがやかしい歴史的過去をもつセルビア系正教徒のあいだで反発は強かった。

セルビア系正教徒の教会は、一四五九年のセルビア帝国の滅亡とともにセルビアの総主教座を失った。その後、一五五七年には、ボスニア地域出身でかつて正教徒であった大宰相ソコルル・メフメット・パシャに働きかけ、その尽力により、総主教座を回復した。しかし、一七六六年には、イスタンブルの総主教の強い働きかけにより、この総主教座は、オスマン当局により廃止された。

ギリシア系正教徒は、このように、オスマン帝国支配下の正教徒社会のなかで、優位的地位を保ち、正教徒社会全体に強い影響を有しつづけた。しかしながら、部分的には、ほかの民族に属する正教徒の側のそれへの反発もまた存在していた。

オスマン支配と正教会

イスタンブルの総主教を頂点とするビザンツ帝国以来の正教会は、オスマン帝国内の正教徒の信仰の中心であるとともに、オスマン帝国の領域をこえた信仰上の影響力をもある程度保っていた。イスタンブルの総主教はオスマン帝国のスルタンの承認のもとに、正教会の聖職者の任免をおこなう権限を保った。

イスタンブルの征服とともに、世俗的な高度な教育機関は消滅し、その後も大きな復興をみなかった。しかし、イスタンブル総主教座のもとでは、聖職者養成の学校は維持され、聖職者が養成されつづけた。さらにビザンツ時代以来のアトス山の修道院は、オスマン帝国支配下でも維持され、教育と研究にもたずさわり、その財源としての宗教寄進財産もスルタンにより認められていた。

このようにイスタンブルの総主教を頂点とする正教会は、オスマン帝国支配下で、正教の信仰と、ある程度はビザンツ以来の文化の担い手としての役割をはたしていた。

ただ、同時に、教会の上位の聖職者の地位は、ギリシア系の人々が多く占める傾向があった。そして非ギリシア系の正教徒たちにたいして、信仰と文化の言語としてギリシア語の使用を奨励し、「ギリシア化」していこうとする傾向も生じた。

十八世紀には、アルバニア系正教徒が、アルバニア語で教育をおこなうことをオスマン当局に要請したとき、ギリシア系が優位を占める正教会がオスマン当局に働きかけてこれを禁止させるといった事態も生じた。オスマン支配のもとで、イスタンブル総主教を頂点とする正教会は、ビザンツ皇帝という政治的庇護者を失った。しかし、正教徒の信仰の中心としての地位は、保つこととなった。

それに加え、オスマン支配のもとでは、ビザンツ帝国時代には皇帝の権力下にあった、司法と民政の機能も担うこととなった。司法において、オスマン帝国支配下では、正教徒にかかわる法は、三層構造をなしていた。もっとも上層を占めるのは、イスラームの規範シャリーアとそれに基づくイスラーム法官(カドゥ、アラビア語でカーディー)のイスラーム法廷(シェリー・マフケメ)であった。一方の当事者がムスリムないし非正教徒の非ムスリムの場合はもちろん、両当事者が正教徒の場合でも、少なくとも一方の当事者の求めがあれば、裁判はイスラーム法廷でおこなわれえた。

しかし、両当事者が正教徒である場合は、少なくとも民事事件については正教徒共同体内で裁判がおこなわれるのが原則であり、裁判は教会に委ねられた。そこでビザンツ時代には世俗の裁判にかかわってこなかった聖職者が世俗の裁判にもかかわることとなった。しかし、ムスリムにとっては、宗教の規範であるシャリーアが本来的に法としての面をもっていたのにたいし、正教徒の場合、従来の固有の法は、ビザンツ法すなわち後期ローマ法であった。このためオスマン支配下で教会にあらたな機能が認められたため、聖職者も後期ローマ法を学ぶ必要が生じ、十五世紀後半から十六世紀にかけて、この必要に応えるべく法学書が著わされた。

ただ、この教会のえた正教徒にたいする裁判権についてのライヴァルとしては、一方のイスラーム法廷のみにとどまらず、他方で民衆に密着したレヴェルでの正教徒の村の共同体の長老裁判があった。この法制に基づくものではないが事実上の慣行による強力なライヴァルにたいし、正教会は、自らの裁判権を確保拡大すべく、闘争を続けたといわれる。

ファナリオテス

オスマン帝国の帝都イスタンブルを拠点に影響力を有したギリシア系正教徒としては、イスタンブルの総主教座に属する高位聖職者とならんで、俗人のグループとしては、いわゆるファナリオテス(ファナリオット)があげられる。一四五三年のコンスタンティノープル征服後、征服者メフメット二世は、多宗教多民族都市としてのイスタンブル再建をめざし、ギリシア系正教徒も、あるいは自由意思で、あるいは強制移住によって、イスタンブルに定住させていった。その間、イスタンブルから退避していた者も、またいまだオスマン支配下にはいっていなかった島嶼部の人々も、イスタンブルに定住するようになっていった。オスマン帝国の帝都となったイスタンブルに移住するギリシア系正教徒のうち、世俗的有力者たちは、イスタンブルの旧市街北西部の金角湾沿いのフェネル（「燈台」の意）地区に総主教座が移り、十七世紀初頭にここの地区のアヤ・ヨルギ教会に定着すると、その近辺の地域に住むようになった。このため、この人々はトルコ語でもフェネルリ（フェネルの住人）、西欧人たちにはファナリオットと呼ばれるようになっていった。

ファナリオテスたちは、一方で総主教座の聖職以外の重要な役職を手中にしていった。他方で、ビザンツの皇帝やビザンツ貴族にさかのぼる家系に属するとしばしば主張し、新来者を必ずしも排除しないものの、通婚により独自の社会層を形成していった。

ファナリオテスには、西欧諸語も東洋諸語もともに解する者もいるところから、オスマン帝国の支配組織のなかで、通訳官として地位を占め始めた。オスマン帝国では、原初以来、十七世紀初頭くらいまでは、西欧語を解するキリスト教徒からムスリムへの新改宗者を通訳として用いる例が多かった。しかし、十七世紀にはいると、ラテン語とイタリア語を解するギリシア系正教徒を、通訳として用いるようになっていった。そして、十七世紀末に通訳官となり、一六九九年のカルロヴィッツ条約締結交渉で活躍したアレクサンドロス・マヴロコルダトス以後、御前会議首席通訳官《ディーヴァーニ・ヒュマユーン・バシュ・テルジュマヌ》職を、ファナリオテスが独占することとなった。さらに、次項で詳しくふれるように、ギリシア系住民が圧倒的多数を占める地中海州（エヤーレッティ・ジェザイリ・バフリ・セフィード）の総督をもかねる全オスマン艦隊の長たる大提督（カプダーヌ・デルヤー、カプダン・パシャ）の通訳官の職も成立し、この職を経由して御前会議首席通訳官となるのが、通訳のキャリア・コースとなっていった。

ギリシア独立戦争勃発後の一八二一年にこの職へのフォナリオテスの名門出身者の任命の慣行が廃されるまでのあいだ、御前会議首席通訳官の職は、マヴロコルダトス家とカラジャス家、ムルジス家、スツォス家、カリマヒス家、ギガス家など、ごく限られたファナリオテスの名門出身者がほとんど独占していた。

そしてさらに、オスマン帝国の属国となっていた今日のルーマニア地域は、エフラク（ワラキア）とボーダン（モルダヴィア）の二つの君侯国からなり、通例現地の有力者がその君侯（トルコ語でヴォイヴォダ、ルーマニア語ではホスポダール）に任ぜられてきた。しかし、一七〇九年にニコラオス・マヴロコルダトスがボーダンのヴォイヴォダに任命され、一〇年まで在職した。そのあとを継いだのは地元出身のボーダンのヴォイヴォダであったディミトリ・カンテミールであったが、彼が一七一一年にロシアに亡命したのち、ふたたびニコラオスはこの職に復した。その後、一七一五年にニコラオス・マヴロコルダトスはエフラク（ワラキア）のヴォイヴォダ職に転じたが、このとき以降両ヴォイヴォダ職には御前会議首席通訳官職についたファナリオテスが任ぜられるのが例となった。

さらにファナリオテスは、一方で商業にたずさわり、他方では関税の徴税請負などにより経済的地位を確立していた。そしてあわせて、イスタンブル総主教座の俗人用の要職を占め、正教会にも強い影響力をもった。

これに加えて、大提督首席通訳官として、海軍の対外活動のみならず、大提督が総督をつとめ、ギリシア系住民が圧倒的に多い地中海州の諸地域にも強い影響力をもった。さらに、御前会議首席通訳官として、西欧諸語を解さないムスリムの大宰相以下の支配エリートたちや実務官僚たちにかわり、近代西欧とその影響下におけるロシアが台頭し、対西欧・対露外交が著しく重要化していくなかで、対西欧・対露外交交渉の実質的な要の役割をはたすようになった。

さらに、ファナリオテスには、西欧諸国やロシアなどのオスマン帝国内に所在する大使館等の在外公館の通訳となる者も多くあらわれるようになった。

こうしてファナリオテスは、商業や関税などの徴税請負で経済的基盤を固めつつ、他方で通訳官として、対外交渉と帝国中央の政治においてのみならず、大提督管轄下の地中海州の各地でも大きな影響力を有するオスマン帝国内におけるギリシア系臣民のなかでの最有力の社会層となっていった。

さらに、エフラクとボーダンの君侯を輩出し、今日のルーマニアの地域に影響力を広げるとともに、ルーマニアの正教徒にたいするギリシア系優位とギリシア化の推進をもたらした。一八二一年にギリシア独立戦争が始まったとき、ペロポネソスとならんで、ワラキアでアレクサンドロス・イプシランディスが挙兵したのも、じつは彼の父も、この地のヴォイヴォダ、すなわち君侯経験者であり、そのあいだにつちかわれた地盤があることを頼みとしたからにほかならない。

4　オスマン帝国支配下の今日のギリシア領土

オスマン支配下の今日のギリシア領の支配体制

オスマン帝国の空間的支配体制は、戦士集団から君侯国へ、君侯国から帝国へと発展していくなかで、徐々に形成されていった。原初においては、オスマン集団は移動的集団であり、原初期の拠点であるソウト、ビレジク、イェニシェヒルなどは、首都というより、遊牧民にみられる越冬のための冬営地に近い性格をもつものであった。オスマン集団は、夏期には一体として活動し、首都と地方の分岐も、また空間的行政区分も不明確であったようである。軍事活動にあたっては、君主たるベイが最高指揮官であったが、君主の男児の一人が、ベイレルベイすなわち「ベイたちのベイ」の称号のもとに、総司令官となり、君主が親征しないときは全軍の指揮をとるようになった。この段階でのベイレルベイは「総司令官」と称しうるものであった。ただ、オスマン朝が、十四世紀後半にはいり君侯国から辺境の帝国へと変化していくなかで、第三代ムラト一世の時代に、このベイレルベイとして、王子ではなく臣下のララ・シャーヒンが任ぜられるにいたった。この段階では空間的管轄は不明瞭であった。しかし、従来の通説では十四世紀末、米林仁の説では十五世紀初頭に、アナドル(アナトリア)方面のベイレルベイが任命され、ベイレルベイが複数化するとともに、空間的管轄が生じた。以後、十五世紀中葉にいたるまで、長らくアナトリアを管轄するアナドル・ベイレルベイスィのもとにあるアナドルのベイレルベイリクと、ルメリを管轄するルメリ・ベイレルベイスィのもとにあるルメリのベイレルベイリクに二分されることとなった。そして、格式上、ルメリのベイレルベイがアナドルのベイレルベイより上位におかれた。この時点でのベイレルベイは「大軍管区長官」、ベイレルベイリクは「大軍管区」と呼ばれうる。当初のベイレルベイは、軍司令官としての役割が強かった。しかし、一方で帝国の支配体制がしだいに君主専制的、中央集権的な体制として発展をとげ、他方で帝国の支配空間が拡大していくなかで、地方行政官的な色彩を生じ、大軍管区長官というよりは総督というべき色彩をおび、その管轄下にある「大軍管区」も行政区画としての「州」的なものとなっていった。

大軍管区長官としてのベイレルベイ職とその管轄下のベイレルベイリクのもとに、サンジャクと呼ばれる小軍管区とその長としてのサンジャク・ベイと呼ばれる小軍管区長が存在し、これも原初は軍司令官としての役割が強かったが、のち地方行政官的色彩が強まり、知事というべき存在となり、その管轄下のサンジャクは、「県」というべきものになっていった。

戦時において、ベイレルベイ、サンジャク・ベイの指揮下にあるのは、原初以来のムスリム・トルコ系戦士集団に、諸君侯国にかつて属し帰順したムスリム・トルコ系の軍人と、同じく帰順した旧ビザンツ帝国およびその後継諸国家の軍人の一部を中心とする騎兵たちであった。この騎兵たちの給養のシステムとしては、しだいにティマール制なる制度が発展していった。ティマール制とは、一定の土地につき、金額をもって表示された一定の租税の徴収権を与え、授与された者は、在地し、この収入で生活し年収額に従い規定された装備と補助兵力を整え、戦時に規定に従った補助軍事力と装備を備えて軍役に服する制度である。サンジャク内のティマール制の在地騎兵は、戦時にはサンジャク・ベイの指揮下で軍役に従い、サンジャク・ベイたちは、おのおののサンジャクの属するベイレルベイリクのベイレルベイの指揮下に軍団を構成することとなっていた。

オスマン帝国の古典期の体制のもとでは、帝国の支配領域は、直轄領と属国に分れた。直轄領は、中核部ではベイレルベイリク(州)、そしてサンジャク(県)に分れた。

州と県は、同時に在地騎兵軍の指揮単位、軍団編成単位もなしたが、これとは別に、帝国の全土は、イスラーム法に基づく司法と民政にたずさわるイスラーム法官(トルコ語でカドゥ、アラビア語でカーディー)の裁判区としてのカザ(イスラーム法官区)に分れていた。県は、いくつかのカザからなっていたが、イスラーム法官は県知事・州総督とは直接の指揮命令関係になく、全体として相互補完、相互監視のシステムをなしていた。

オスマン帝国の征服過程のなかで、今日のギリシア共和国の領土は、まずバルカン本土領から徐々にオスマン帝国に編入され、十五世紀にはいり島嶼部も編入され始めた。バルカン本土の現在のギリシア領は、ルメリ・ベイレルベイリイ成立以降、とりあえずすべてルメリ・ベイレルベイリイに編入されていった。そして、いくつかのサンジャクに編成されていった。

十五世紀以降、主としてラテン人の支配からオスマン帝国によって征服されたエーゲ海の島々もまた、十六世紀初頭までの時期については、むしろ距離的にはアナトリアに遥かに近いミディルリ(ミティリニ、レスボス)島からロドス島にいたるまで、ほぼルメリ州に属せしめられていった。この状態が大きく変化するのは、一五三四年に地中海州が形成されたのちのことである。

バフリ・セフィードは、純トルコ語ではアク・デニズと呼ばれ、ともに文字どおり「白い海」を意味するが、実際には地中海を意味する。したがって「地中海諸島州」と訳すべきであろう。しかし便宜上、より後代の呼称も考慮し以下原則として「地中海州」とする。一五三三年、アルジェリアで水軍の長として重きをなし、とりわけ対キリスト教徒海賊活動も活発におこなっていたバルバロス・ハイレッティンが、その艦隊を率いてオスマン朝に帰順した。一五二二年にロドスを征服し、東地中海の制海権を手中にしたオスマン帝国のスレイマン一世は、西地中海への進出の機をうかがっていたが、この時宜をえたバルバロスの帰順を受けて、翌三四年にこれを全オスマン艦隊の長たる大提督(カプダーヌ・デルヤー)に任ずるとともに、あらたに「地中海州」を創設し、そのベイレルベイ(総督)に任じ、パシャの称号を与えた。のちに「海軍州(バフリエ・エヤーレッティ)」とか「カプダン・パシャ州(カプダン・パシャ・エヤーレッティ)」とも呼ばれたこの州は、従来ルメリ州に属してきたエーゲ海近辺の島嶼部にルメリ州とアナドル州の沿海岸で海軍活動に貢献しうるいくつかのサンジャクを加えて形成された。この州の創設後、今日のギリシア共和国領に属する地域で、この時点までにオスマン帝国領となっていた地域のうち、バルカン半島を中心とする地域の多くはルメリ州にとどまり、バルカン本土の地域の一部とエーゲ海の島嶼部の大部分は地中海州に属することとなった。

このことは、立地とともに、当時すでにこの地域のギリシア系の住民が、海軍の面で重要と考えられていたことを示している。

近代の到来にいたるまで、オスマン帝国による今日のギリシア共和国領の地域にたいする支配体制は、この体制を基本としつつ、新征服地も加えて、変容をとげていった。

十六〜十七世紀の体制

セリム一世晩年の、一五一七年においては、地中海州は存在せず、そのころまでにオスマン支配下にはいっていた今日のギリシア共和国の領域はすべてルメリ州に含まれ、そのうち本土側はエディルネ県、モレ県、ヤンヤ県、イネバフト(ナウパクタス、レパント)県、トゥルハラ県、カルルエリ県、アウリボズ(エウボイア)県に、島嶼部はミディルリ(ミティリニ、レスボス)県にほぼ含まれていた。ちなみに、アテネはアウリボズ県に属しており、その後もその体制はほぼ引き継がれた。

地中海州が成立したあとの、スレイマン一世晩年の一五六〇年の体制では、今日のギリシアの本土部分は、ルメリ州のエディルネ県、セラニク県、トゥルハラ県、ヤンヤ県、モレ県と、地中海州のアウリボズ県、カルルエリ県、イネバフト県に、ほぼ含まれていた。島嶼部は、ほぼ地中海州のロドス

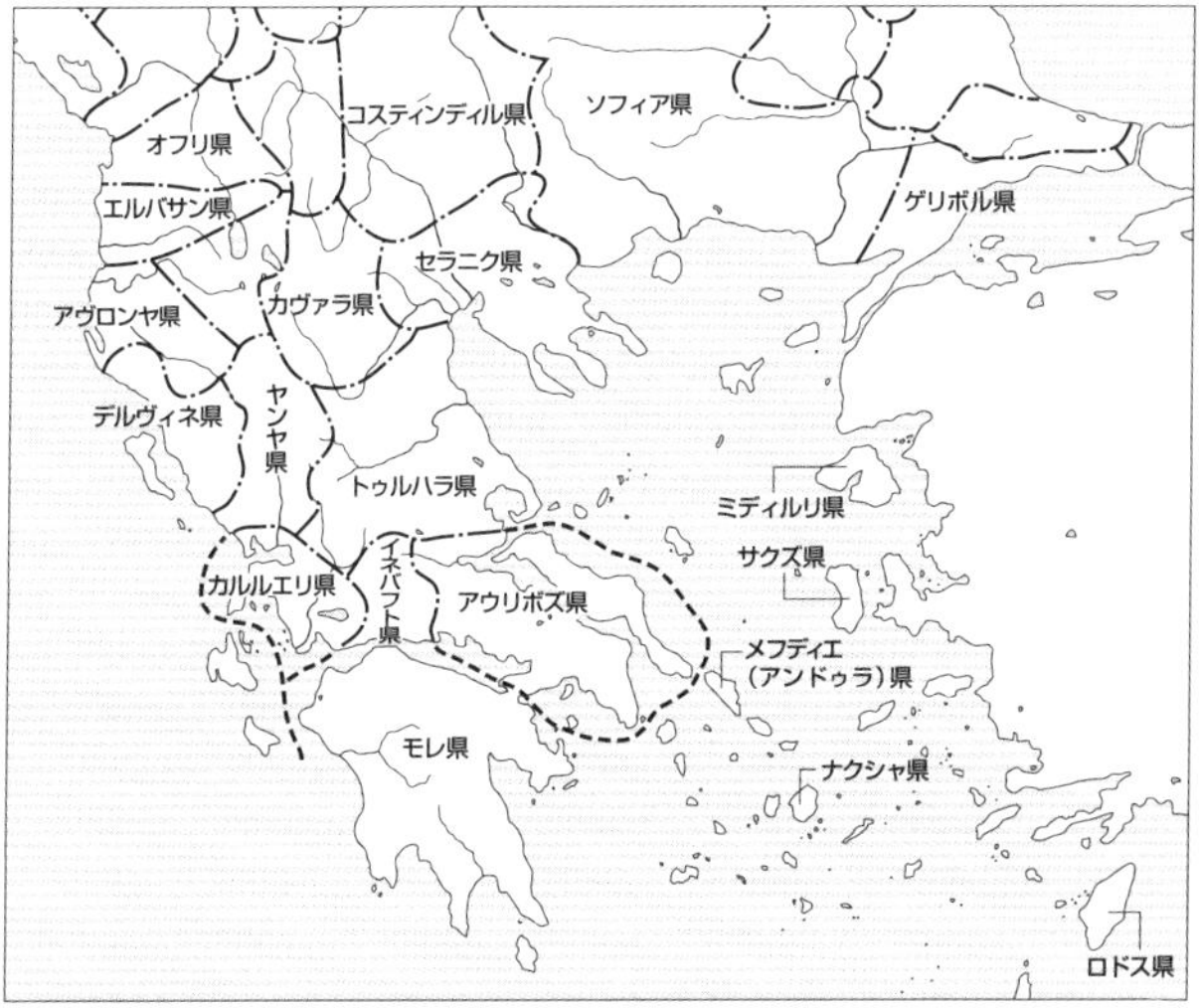

17世紀中葉のオスマン支配下のギリシアの行政区分

県、ミディルリ県に含まれていた。

十七世紀の状況についてみると、まず一六〇九年作のアイヌ・アリ・エフェンディのいわゆる法令集は十六世紀末の状態を反映しているとみられるが、ルメリ州についてはその後変化がなく、地中海州は、その後征服されたペロポネソス半島のミストラ県、そして島嶼部のサクズ県（ヒオス）、ナクシャ県（ナクソス）、メフディエ（アンドゥラ、アンドロス）県が加わっている。ちなみに一五七一年に征服されたキプロスは、独立のキプロス州をなしていた。

一六七五〜七六年に著わされたヘザルフェン・ヒュセインの私撰の法令集では、ルメリ州と地中海州に属する州・県名にはほとんど変化はみられず、ただあらたに征服されたクレタ島がクレタ州（エヤーレッティ・ジェジーレイ・ギリット)となり、カンディア県を中心にハニヤ県、レスュマ県の三県からなる州としてあらたに加わった。

ギリシア独立戦争直前の行政区分

ギリシア独立戦争直前の一八二〇年、オスマン帝国のアルメニア系臣民で、長年在イスタンブルのスウェーデン大使館に仕え公使にまでなったムラジャ・ドーソンの、フランス語の大作で一七八七年以来刊行されてきた『オスマン帝国全誌』の最終巻である第三巻が刊行された。その普及版の最終巻第七巻は、まさにギリシア独立戦争進行中の一八二四年にパリで刊行された。

ドーソンは、初版第一巻刊行後、自らイスタンブルの宮廷に参内して、ただちに時のスルタン、セリム三世(在位一七八九〜一八〇七)に一本を献じ、その賞讃をえた。オスマン臣民として、また外交官としての豊富な知識に基づくこの著作のなかに、当時の諸州の表が含まれている。これによれば、今日のギリシア共和国領の地域は、やはり同じくルメリ州と地中海州とクレタ州の三つの州に属していた。ただ、県の帰属には若干の変化がみられる。

一八一二年付の注記のみられる二四年刊の普及版第七巻の州県表で、今日のギリシア共和国領の地域についてみると、ルメリ州では、ヤンヤ県、セラニク県、トゥルハラ県に加えてカヴァラ県の名がみえる。地中海州については、モレア県がルメリ州からこれに移るとともにあらたなギョルデス県の名がみえる。島嶼部では従来の諸県ミディルリ、ロドスそしてエーゲ海の諸島に加えキプロスもまた、一県としてあげられていた。

こうしてみれば、今日のギリシア共和国の領域は、オスマン帝国の支配下、征服されるにつれて、まずルメリ州に組み込まれ、のち地中海州の成立後は、両州へと分割され、さらに新征服地としてクレタ州が加わり、途中で幾多の変化をへながら、独立直前にも、ほぼルメリ州と地中海州とクレタ州に属していたのである。

5　社会経済生活

アスケリとレアヤー

オスマン帝国においては、法制上の身分としては、全社会の成員は、アスケリとレアヤーの二つの身分にわかたれた。アスケリは、本来はアラビア語起源の軍人を意味するアスカルの語に由来する語であるが、オスマン帝国の法制では、オスマン帝国の支配者身分を意味した。アスケリ身分に属する者は、オスマン帝国の支配者身分に属する者とその家族、および従者からなっていた。そして、アスケリ身分には、軍人のみならず書記（キャーティプ）やイスラーム法学者（ウレマー）のような文民も含まれていた。これにたいし、レアヤーは、アラビア語の原義では本来は「家畜の群」、ひるがえって「民」を意味する語であったが、オスマン帝国の法制上は、被支配者身分全般を意味していた。この意味でのレアヤーには、農民も都市民も含め、あらゆる生業にたずさわる被支配者身分に属する者が含まれていた。ただし、オスマン語の一般的用法においては、レアヤーの語は、最広義では「庶民」一般を、狭義では「農民」を意味した。さらに、十九世紀にはいると、レアヤーの語は、おもに西欧人側からさらに狭く、オスマン帝国支配下のキリスト教徒農民をさして用いられる例も生じた。

ここで、アスケリ身分は、免税、武装、騎乗などの特権を有した。これにたいし、レアヤー身分は、納税の義務をおっていた。

オスマン帝国は、多宗教・多言語・多民族社会であり、ムスリム優位下ながらキリスト教徒やユダヤ教徒も共存を許されている社会であった。しかし法制的身分からみると、ムスリムも、ごく少数のアスケリ身分に属する者と、圧倒的多数のレアヤー身分に属する者からなっていた。逆に、非ムスリムの場合にも、圧倒的多数の者はレアヤー身分に属していたが、ごく少数アスケリ身分に属する者もあり、さらに両者の中間的な身分に属する者もあった。

今日のギリシア共和国に属する地域においては、人口のごく少数を占めるにすぎないムスリムにも、そのまたごく少数部分を占めるアスケリ身分に属する者と、そしてムスリム中の多くを占めるレアヤー身分の者とがまざっていた。アスケリ身分に属するムスリムのうち、多数を占めたのは、ティマールを授与された在地騎兵軍の騎兵、その家族、従者であった。これに加えて、サンジャク・ベイなどの地方行政官とその郎党（カプ・ハルク）、そしてイスラーム法官やイスラーム学院の教授、イスラーム教徒の共同礼拝所たるモスクのイマーム（導師）など、ウレマー層の人々を含んでいた。十七世紀のオスマン朝の旅行家エヴリヤ・チェレビィの『旅行記（セヤハート・ナーメ）』には、町ごと、村ごとに訪問の途次で出会ったムスリムなどの有力者、名士の特徴と名前が記されている。

「ギリシア人」の諸身分

オスマン帝国に属する狭義のルーム、すなわち正教に属しギリシア語を母語とする臣民のなかでも、その大多数は、レアヤー身分に属していた。しかしごく少数は、アスケリ身分に準ずる身分に属し、免税その他の諸特権を享受していた。その最上層部のひとつの中心は、コンスタンティノープルの総主教を頂点とする正教会の聖職者の上層部であった。いまひとつの中心は一定の役割を与えられたファナリオテスたちであった。そして、そのいずれについても、少なくともその活動の中心的拠点は、空間的には今日のギリシア共和国領にではなく、オスマン帝国の帝都であるイスタンブルにあった。

今日のギリシア共和国の覆う空間に住むギリシア系臣民の圧倒的多数は、レアヤー身分すなわち納税を義務とする被支配者身分に属していた。しかし、ここでも、聖職者と補助軍事力に属するギリシア系臣民は、免税特権を与えられ、アスケリ身分に準じ、通常のレアヤーとは区別されていた。

東方正教の聖職者 素朴だが，地方の民衆のあいだで強い影響力をもっていた。

婚礼衣裳をつけたギリシア人の娘 頭には，金の飾りのたれさがった銀の円板をいただいている。

島嶼部のギリシア人の青年 西欧の水夫によくにた服装を身につけ，タブーラを奏でている。

とりわけ、オスマン帝国の補助軍事力に属するギリシア系臣民たちは、少なくとも一定の特権を与えられ、アスケリ身分とレアヤー身分の中間に属する社会層をなしていた。その代表的なものが、帝国のこの方面のキリスト教徒を担い手とするマルトロスであった。マルトロスの名は、ギリシア語起源であるといわれるが、オスマン帝国の制度としてはルメリ、すなわちバルカン地域全体から、さらにハンガリーにもみられ、帝国の辺境の城砦の守備をさせるとともに帝国内の交通安全確保のための関所制度(デルベント制度)の担い手とされた。このオスマン帝国支配下のバルカンからハンガリーに広くみられたマルトロス制度は、今日のギリシア共和国領においても、とりわけ本土部にみられ、近代ギリシア史においてアルマトリとして知られてきた。後年、ギリシア独立戦争に際し、このアルマトリは、独立軍の軍事力のひとつの中心をなしたため、これとの関連のなかでのみ語られがちであったが、じつは、アナトリアも含めたオスマン帝国の辺境防衛と地方の交通の安全・治安確保の枠組みとしてのデルベント制の一環をなし、マルトロス制度として広くバルカン全体におこなわれた制度のギリシア地域における形態であった。

農民と新地方有力者層の台頭

オスマン帝国のレアヤー身分すなわち被支配者身分は、大別して農民すなわち狭義のレアヤーと、都市民、ベラーヤーに分れていた。このうち人口の圧倒的多数を占めるのは農民、すなわち狭義のレアヤーであり、このことは、今日のギリシア共和国の国土をなす地域においても同様であった。

農民すなわち狭義のレアヤーは、帝国の人口の中心をなすとともに生産力の中心でもあり、オスマン帝国の形成・成立期には、アナトリアとバルカン帝国の中核地域ではティマール制のもとに支配されていた。このことは、今日のギリシアの国土上の農民についても同様であった。

ティマール制のもとでは、土地は原則として国家に属し、農民は、国家と契約して相続性のある永小作権(タプ)を与えられ、小作地の地代を租税として支払っていた。ティマールを授与された者は、下地にたいしては権利を有さず、ただその上物としての収穫物にたいする一定金額の徴税権を与えられるにとどまり、奉仕にたえうる男児のあるとき、相続の可能性を有するにすぎなかった。このことは、ギリシア地域においても同様であった。

しかし、十六世紀末以後、在地騎兵の給養を主たる目的とするこのティマール制は風化し始め、従来、ティマール制が広くおこなわれてきた帝国の中核地域では、ティマール制から、イルティザームと呼ばれる徴税請負制度へと移行し始めた。この変化の重要な要因のひとつは、火砲の発達と歩兵の重要化による軍制の変化のなかで、在地騎兵給養のためのティマール地を常備歩兵軍団の俸給の財源に振りかえる必要が生じたことであったと考えられる。

十七世紀から十八世紀にかけて徴税請負制度が広がるなかで、帝国の租税制度、土地制度そして社会層構成にも大きな変化が生じた。徴税請負権が単発の短期契約から契約期間が長期化し、さらに事実上、世襲化するにいたり、広汎な土地について徴税請負権を集積した者が、下地への事実上の支配力も獲得し、大地主化していった。このようなかたちで、十七世紀から十八世紀にかけて台頭してきた新しいタイプの地方有力者層は、オスマン史上、アヤーンと呼ばれ、集積した事実上の大所有地を基礎にチフトリキと呼ばれる農場経営も進めていった。このアヤーン層のギリシア版が、トルコ語でコジャ・バシュと呼ばれるあらたな社会層であった。

コジャ・バシュ層は、こうして十八世紀には、ギリシア地域のあらたな地方有力者となった。そして、ムスリム系のアヤーンが、財力のみならず、政治力とさらに私的軍事力をえて従者団、「カプ・ハルク(御門の衆)」を擁するにいたったのに対応し、コジャ・バシュ層も私的軍事力をも有するにいたった。この私的軍事力は、カピと呼ばれるが、ギリシア地域固有のものというよりオスマン帝国の中核地域全体にみられたアヤーンのカプ・ハルクに対応するものであった。

非合法活動者たち

ギリシア地域を支配したオスマン帝国下にあっては、今までみてきたような支配体制のもとで、帝国全体において、とりわけ農民や遊牧民のあいだで支配体制と徴税への不満をいだく者の先鋭部分は、山にはいり非合法活動としての山賊活動をおこなうというかたちをとった。このような山賊活動は、トルコ語では、エシュキヤーないしハイドゥトと総称された。エシュキヤーは、トルコ系ムスリムが住民の多くを占めるアナトリアでも、とだえることなくあらわれた。そしてエシュキヤーたちは、民衆の伝説と民衆詩・民謡の世界では、しばしば、地方官の圧制に抵抗する義賊の姿をとった。

エシュキヤーは、ルメリ、すなわちオスマン支配下のバルカンにおいても広くみられ、スラヴ系諸民族のあいだでは、ハイドゥークと呼びならわされ、前近代の民衆詩の世界で義賊の姿をとるとともに、近代にはいり民族主義としてのナショナリズムが生ずると、その先駆として喧伝された。

このエシュキヤー、ハイドゥークのオスマン支配下のギリシア地域における形態が、クレフテスであった。ギリシアの民衆詩、民謡のなかで義賊としてうたわれるクレフテスの存在は、けっしてギリシア地域特有の現象ではなかった。

しかも、ギリシア独立運動以降、異民族で異教徒のオスマン帝国の支配にたいする民族主義運動の先駆としての面が強調されがちであったが、アナトリアにおけるムスリム・トルコ系のエシュキヤーがしばしば政府に懐柔されて帰順し支配組織内に取り込まれたように、前近代ギリシア地域のクレフテスも、ときに帰順し、アルマトリとして支配秩序の保持者側にまわるという側面を有していた。

そして、非合法活動者としてのクレフテスと、オスマン帝国の補助的軍事力として特権身分に属するマルトロスすなわちアルマトリたちのあいだでは、しばしば同じ人間が相互に移行し、位置をかえた。これもオスマン帝国下のアナトリアで、エシュキヤーが帰順してティマールを与えられ在地騎兵になり、またなんらかの原因でティマールを失って流民化した在地騎兵や、主人を失ったカプ・ハルク(従者団)が崩壊して無主となるとその構成員がレヴェントと呼ばれる流民化し、山賊活動やさらには反乱に身を投ずるという、しばしばみられた現象の、ギリシア地域版であったといえる。

とはいえ、たしかに、ギリシア地域の場合は、クレフテスは、あらたな状況のもとでオスマン支配からの独立運動が生じたとき、とりわけペロポネソス半島における独立運動側の軍事力のもっとも重要な担い手となった。

都市民と商業

現在のギリシア共和国領がオスマン帝国の支配下にはいったあとの十五・十六世紀において、ビザンツ帝国の末期からオスマンの征服の進行中の時代に衰えていた都市の復活が進行した。オスマン当局は、ムスリムにとってまったくの処女地であった諸都市に、あるいは従来の教会や修道院を転用するかたちで、あるいはあらたに建築するかたちで、ムスリムの共同礼拝所であるモスクをはじめ、ムスリム社会に必須の諸施設を整備していった。モスクは、ムスリムの居住することとなったあらゆる地域で広汎に開設されていった。これに加え、重要拠点都市を中心に、イスラームの教学のための高等教育機関であるイスラーム学院(アラビア語でマドラサ、トルコ語でメドレセ)が開設された。さらに、一方では、これら宗教施設を財政的に支える宗教寄進財産(ワクフ)の財源として、他方では、都市の公共施設として、公衆浴場(ハマーム)、水道施設、隊商宿(ケルヴァン・サラユ、いわゆるキャラバン・サライのこと)、長期滞在用隊商宿で営業活動も可能なハンと呼ばれる施設などが、建設されていった。このような動きは、ペロポネソス半島内陸部では、比較的限られていたが、島嶼部を含む各地域で広く進行していった。

同時に、ズィンミー制度のもとで、共存を許容され

カヴァラに残るスレイマン1世が建設した水道橋
オスマン朝の歴代君主や皇族たちは，イスラームの敬神の事業としての意味もこめて水道施設の充実につとめたが，これもその一例。古代以来の生活技術の継受の一例でもある。

た非ムスリム住民のために、教会、修道院などの存在もある程度許され、その財源の一部もムスリムによる宗教寄進財産に準じて存在を許された。

一応の政治的秩序が回復し、都市の施設の整備も進められていくなかで、商工業にも復興がおよんでいった。都市の商工業者は、同業者団体としてのエスナフに組織されていった。エスナフは、オスマン帝国時代の都市の商工業者統制の基礎をなし、一方で当局の上意下達の機関であるとともに、他方では内部の規律を維持する自治組織の性格をも有する組織であった。エスナフには、ムスリムのみならず非ムスリムも加わっており、ときには、ムスリムと非ムスリムの共同経営もみられた。

十五世紀から十六世紀にかけての都市の生活の復活は、当初は、むしろ新来者であるムスリムの商工業者に資するところが大きかった。しかし、徐々に非ムスリムの商工業者の活動も活発化していった。

このうち、テッサロニキでは、十五世紀末以降、レコンキスタ(再征服)後に安住の地を求めてイベリアから移住してきたユダヤ教徒の活動が目立った。さらに今日のギリシア共和国領の多くの地域では、アルバニア系正教徒やスラヴ系正教徒に加え、ギリシア系正教徒の商業活動も活発化していった。

ディアスポラ

ギリシア人のディアスポラの起源はギリシア人の移住の流れであり、西欧世界へのギリシア人の移住は、ビザンツ世界へのトルコ系ムスリムの進出と征服の進展とともに始まった。すでに十四世紀後半に始まり一四五三年のコンスタンティノープルの陥落でいちだんと高まったこの移住の動きは、限られた人数で、移住民もおもに学者や政治家、軍人など、エリートに限られていた。

しかし、一四六〇年のペロポネソス半島のオスマン帝国による併合以降、より広汎な難民の移住の流れが生じた。この流れは、十五世紀後半から十八世紀初頭にかけて、ヴェネツィア人がギリシア系住民を支配してきた地域がつぎつぎとオスマン帝国により征服されるなかで進んでいった。そのなかで、イタリア各地に、難民として流出したギリシア系ディアスポラのコロニーが形成されていった。そして、それらコロニーのうちでとくに人数も多く、文化的にも活発であったのはヴェネツィアのそれであった。そして、一四七一年には、ギリシア文字を用いたギリシア語の最初の活字本が、ヴェネツィアで刊行されたといわれる。

その後、オスマン帝国内のギリシア系臣民の商業活動が徐々に活発化していくなかで、十七世紀後半から、今度は難民としてではなく、主に商業活動を目的とする自発的移住者があらわれ、十八世紀にかけて増加していった。そのなかでとりわけ一六九九年のカルロヴィッツ条約後、イタリア諸都市に加えて、ドナウの北のハプスブルク帝国領の諸都市への移住とコロニー形成が始まった。さらに、十八世紀を通じ、ギリシア人の商業活動の活発化とともに、ハプスブルク帝国領をこえて、ドイツ・フランス・イギリス等々へとギリシア人の移住先は広がっていった。そしてその後、十七世紀末から十八世紀初頭にかけてのピョートル大帝の改革により急速に台頭し、東欧正教世界の中心となったロシアにも広がっていった。

こうして十八世紀中には、西欧世界ではイタリアの諸都市、ハプスブルク帝国領内ではウィーン、トリエステ、ブダペストなどに、ギリシア系の定住コロニーが誕生した。またドイツで毎年、国際貿易市が開かれたライプツィッヒをはじめ、諸商業都市にギリシア系コロニーがみられ、フランスではパリとマルセイユに重要なコロニーが形成されていった。そして、東欧正教世界のなかでは、黒海と地中海に向けて南下しつつあるロシアの南縁にギリシア系コロニーが形成されていった。

こうして、トルコ系ムスリムのオスマン帝国によるビザンツ世界の征服の過程における難民に始まった西欧世界のギリシア系ディアスポラのコロニーは、十八世紀にはいるとギリシア系の商業活動の活発化に支えられた自発的移住者も加わり、規模も分布も格段に拡大し、西欧世界とギリシア人の接点となっていった。

6　西欧世界との関わり

「ギリシア人」と西欧世界

正教徒のギリシア人と、カトリックを奉じる西欧世界との距離感は、同じくキリスト教を奉じているにもかかわらず、かつてはかなり大きかった。トルコ系ムスリムのオスマン帝国のビザンツ世界征服が急速に進み、西欧世界からの援助が緊急の課題となった十五世紀前半においても、なお両者のあいだの溝は深く、教義と典礼をめぐる対立が、両者のあいだの関係の最大の障害となっていた。そして宗派を異にするカトリックへの違和感は、ギリシア系正教徒の民衆のあいだに強かった。

このギリシア系正教徒のカトリックにたいする違和感の存在は、十字軍時代以降に生じたビザンツ世界におけるラテン人支配下の地域を、オスマン帝国が征服していく際に、オスマン側に相対的に有利に働いたといえよう。オスマン側も、ラテン人支配地を併合した際に、ラテン人、カトリック教徒には厳しい姿勢で臨みつつ、正教徒には相対的に融和的姿勢で臨み、支配体制を確立していくことが多かった。そしてその際、コンスタンティノープルの総主教を頂点とする正教会を、正教徒支配のための組織として重用した。

しかし、ギリシア系の正教徒と西欧世界とのあいだの根深い対立感は、十六世紀から十七世紀にかけて西欧世界が一枚岩のカトリック世界から、宗教改革をへて変容していった時期に、一部ではしだいに変化していった。

十六世紀において、西欧世界をゆるがした宗教改革に対抗すべく、西欧世界で生じた反宗教改革の旗手となったのは一五四〇年に設立されたイエズス会であった。イエズス会は、イスタンブルの正教会にも働きかけを強め、十六世紀後半から十七世紀にかけてコンスタンティノープル総主教のなかにも、東西両教会の合同に親和性を示す者もあらわれた。

他方、プロテスタントの影響も生じた。とりわけ十七世紀前半に、数回にわたりコンスタンティノープル総主教となったキリロス・ルカリスは、カルヴァン派の強い影響を受け、教会改革を試みようとした。プロテスタントに親近感を示すキリロスにたいしては、新教国のオランダ、イギリスが支持を与えた。他方、カトリックのイエズス会とフランスは、キリロス追放をめざし、結局キリロスは、時のスルタン、ムラト四世(在位一六二三〜四〇)により一六三八年に処刑され、教会改革も挫折した。しかし、キリロスは、改革の一方途として、一四九三年にはユダヤ教徒、一五六七年にはアルメニア教会派によってすでに導入されながら、ギリシア正教徒によってはいまだ導入されていなかった活版印刷術をロンドンから導入し、一六二七年にギリシア文字を用いたギリシア正教徒の手による活版印刷所を、オスマン帝国内ではじめて設立したのであった。すでに一四七一年にはヴェネツィアでギリシア文字を用いる活版印刷所が開かれていたとはいえ、この時代に近代西欧の新技術が導入されたのは、西欧世界とオスマン帝国支配下のギリシア系正教徒のあいだの距離感に変化が生じていたことを示している。

「オスマンの平和」と「トルコの圧政」のあいだ

オスマン帝国支配下のギリシアとギリシア人について、近代のギリシア側の歴史叙述においては、もっぱら「トルコの圧政」として描かれることが多かった。そして、近代西欧におけるこのテーマの叙述においても、同様の傾向が色濃くあらわれてきた。

しかし、時代的背景と歴史的実態を踏まえれば、オスマン帝国支配下のギリシアとギリシア人の状態は、必ずしも「トルコの圧政」の語でかたづけられるものでなかったことも明らかとなってきた。オスマン帝国史研究のなかでしだいに明らかとなり、バルカン史、さらに近代ギリシア史においてもある程度認められてきたのは、オスマン支配下のギリシア人にたいしては、弾圧や強制改宗よりはむしろ、「不平等のもと」ながら「共存」ないし「許容」の原則がとられ、固有の宗教と法と生活慣習の保持と正教会を受け皿とする一定の自治が認められていたということであった。

このような、オスマン帝国下の異教徒そして異民族の集団にたいする支配のシステムは、ときに「オスマンの平和」とさえいわれる。ただしこの「オスマンの平和」が、全き平和と共存のシステムであったかといえば、やはりそれは、はなはだ限定された意味のものであった。そこでは、宗教に基づくムスリムと非ムスリムとのあいだの不平等が基礎をなし、そこでの共存は、あくまで優位者の側からの劣位者にたいする許容であった。

臣民の租税などの負担についても、ときにオスマン支配以前より軽減をみた場合もあったとはいえ、やはりかなり重い負担であったことに疑いはない。

オスマン帝国支配下のギリシアとギリシア人の状態は、必ずしも一方的な「トルコの圧政」のもとにあったとはいえないが、さりとて「オスマンの平和」が全き平和と共存を実現していたともいえない。それはあくまで当時の時代状況のなかでの相対的なものにすぎなかった。

実際、オスマン支配下において、今日のギリシア共和国の境界内に住むギリシア語を母語とする正教徒たちのあいだでは、オスマン帝国の支配がゆらぐかにみえるような事態がおとずれると、大規模な蜂起が生じるという現象が、すでに十六世紀末以来みられた。

一五七一年、オスマン帝国艦隊とオスマン軍のキプロス進攻をきっかけに結成されたキリスト教徒連合艦隊が、ギリシア本土とペロポネソス半島を隔てるコリントス湾北岸のレパント(トルコ名イネバフト)軍港外のアドリア海寄りの地点で対戦したいわゆるレパントの海戦で、オスマン艦隊が壊滅的打撃をこうむった直後には、ペロポネソス半島のコリントス湾岸を中心に、ギリシア系住民の大規模な蜂起が生じた。

十七世紀のとくに後半は、オスマン側によるヴェネツィア領となっていたクレタ征服をめざす戦争と、ヴェネツィア側のペロポネソス侵攻にあけくれたが、その結果、クレタは完全にオスマン領化し、ペロポネソスではヴェネツィアが少なからぬ拠点をえた。しかし一七一五年に始まった戦争のなかで、ペロポネソス半島のヴェネツィア領はすべて征服され、一七一八年のパッサロヴィッツ条約により完全にオスマン領に組み入れられた。その際には、一方ではあらたな西欧への難民も生じた。しかし他方では現地のギリシア人のなかにはヴェネツィア支配からオスマン支配への移行をむしろ喜ぶ声さえあったともいわれる。これは「オスマンの平和」の一面を示している。

十八世紀後半にはいると、ロシアのエカテリーナ二世の黒海から地中海への南下政策のもとで戦われた一七六八〜七四年の露土戦争のあいだには、ロシアの煽動のもとに、七〇年にペロポネソスのギリシア系住民の一部に一部のコジャ・バシュも参加して、ふたたびオスマン支配にたいし、蜂起したのであった。オスマン帝国は露土戦争には敗れたものの、この蜂起を鎮圧することには成功した。

ともあれ、とりわけトルコ系ムスリムの支配の浸透度の比較的薄いペロポネソス半島における間歇的な蜂起現象は、オスマン帝国のギリシアとギリシア人にたいする支配が、たんなる「オスマンの平和」のみではなかったことも示している。

「西洋の衝撃」の到来

近代ギリシアの歴史叙述のなかでは「トルコの圧政」として描かれがちであったとはいえ、必ずしもそれにとどまらぬ、宗教・言語・民族の異なる人々を宗教を軸としつつゆるやかにつつみこむ「オスマンの平和」としての側面も有していたオスマン帝国の支配体制を支えていたのは、宗教を軸とするゆるやかな統合と共存のシステムと、前近代の支配の組織とすれば強力で効率的な組織であった。しかし、十六世紀末から十七世紀末にかけて、近代西欧が急速に台頭してくるなかで、オスマン帝国と西欧世界との力関係は、オスマン優位から西欧優位へとしだいに逆転していった。とりわけ十八世紀初頭にはいると、西欧の優位が明白化し、軍事的・外交的外圧として「西洋の衝撃」が、オスマン帝国を直撃することになった。

この事態にたいし、オスマン帝国の支配層のなかの開明的な部分は、近代西欧に学び、近代西欧のモデルを受容して自らを強化しつつ近代西欧に対抗していく必要を感じ始めた。そして、十八世紀前半から、はじめはまずごく部分的なかたちで軍事の周辺においてではあったが、近代西欧の技術とモデルの受容に基づく「西洋化」改革の努力が始まり、十八世紀末にかけて一進一退しつつしだいに体系化していった。

しかし、オスマン帝国のムスリム・トルコ系を中心とする支配層の近代西欧にたいする関心は、十八世紀を通じて、ほとんど軍事的・技術的な側面に限られがちであった。ムスリム・トルコ系の人々の近代西欧への関心が、近代西欧の思想や文化の諸潮流にまでおよぶのは、ようやく十九世紀前半以降のことであった。

ギリシア系正教徒の場合、オスマン帝国支配下の全時代を通じ、西欧世界とのあいだに恒常的に往来があった。とりわけ十八世紀にはいると、西欧世界とますます西欧化しつつあるロシア南部のオデッサなどに往来・居住して、通商などに従事するギリシア系正教徒が急増していった。そしてこれらの人々のなかには、オスマン帝国のムスリム・トルコ系臣民はもとよりのこと、バルカンのほかのキリスト教諸民族にも遥かに先行して、近代西欧の文化と思想に関心をもつ人々があらわれた。それらの人々のなかからは、のちにギリシア・ナショナリズムの先駆者たちに影響を与えた者もあった。

すでに十八世紀において、オスマン帝国支配下のギリシア系正教徒のなかには、「オスマンの平和」の枠組みを内側から突きくずすことになる内的な「西洋の衝撃」に感応する人々があらわれ始めていたのであった。そして、この内的な「西洋の衝撃」は、近代ギリシア・ナショナリズムを徐々にはぐくみ、外的な「西洋の衝撃」のもとで、蜂起の伝統が従来と異なる様相を備えていくなかで、のちについにこれと結びつき、ギリシア独立運動への胎動を準備していくこととなった。

第六章

近代のギリシア

1　独立国家ギリシアの形成

ギリシア独立の前奏

ギリシアは、十九世紀に独立を達成してはじめて、明確な領域をもつ統一体を形成した。時代によって、異なる空間的広がりや概念を意味してきたギリシア世界に、国民国家というかたちでその中心が与えられたのだった。

オスマン帝国からのギリシア独立への歩みは、おもにヨーロッパ在住のギリシア人たちによる「自分たちは何者であるか」という問いかけから始まった。彼らは、十八世紀以降のオスマン帝国における、ギリシア人の交易の繁栄を背景に、バルカン半島をこえて、中・西欧、そしてロシアへとその活動範囲を拡大し、先々でディアスポラ(離散ギリシア人社会)を形成した人々だった。歴史家ストイアノヴィッチが「バルカン半島の正教徒商人による征服の時代」と特徴づけたこの時期に、どのくらいの人的規模の移住があったかを正確に断定することはむずかしい。一七九一年に出版されたフィリピディスとコンスタンダスによる『新地理』によると、ハプスブルク帝国には約四〇万人のオスマン帝国出身のギリシア人が居住していたとされている。この数は明らかに誇張されており、バルカンの正教徒商人すべてを「ギリシア人」とみなした可能性も否定できない。しかしながら、この記述は、当時ハプスブルク帝国のギリシア人が、かなりまとまった数として存在していたことを示していることは間違いない。

彼らは、経済活動をとおしてヨーロッパと結びついただけでなく、最先端の知的環境とも結びついた。財をなしたギリシア商人のなかには、故郷の若い同胞ギリシア人のヨーロッパ留学のための資金として、それを積極的に寄付する者もあらわれた。そこでギリシア人は、十八世紀後半以降のヨーロッパで興隆していた、親ギリシア主義《フィルヘレニズム》と啓蒙思想に出会ったのである。当時、ヨーロッパでは古代ギリシアの文化が再評価され、ギリシア熱はギリシアの地を実際おとずれるグランドツアーでさらに高められた。ヨーロッパからの旅行者は、その地に住むギリシア人を古代ギリシア人の末裔《まつえい》ととらえた。そしてその末裔が異民族によって支配されている状態を一時的な「病気」とみなした。ギリシア文明をヨーロッパ文明の源流と考えたヨーロッパ知識人たちは、この病んだギリシア人に救いの手をさしのべることが自分たちの責務であると感じた。近代のギリシア人をオスマン支配から解放し、正しい法と秩序のもとに導くことで、ギリシア人に古代人の栄光を取り戻させることができると考えたのである。

このように、古代と近代のギリシア人を結びつけ、多分にロマン主義的な見地からギリシアの「再生」を望む潮流は、ヨーロッパ在住のギリシア商人や知識人のみならず、オスマン帝国のギリシア人にも少なからぬ影響をおよぼした。一七六〇年代以降、ヴルガリスやミシオダクスといった思想家が、ヴォルテールをはじめとする啓蒙思想家の著作をギリシア語へ翻訳したり、古代ギリシアの文化遺産

隷属するギリシア　18世紀後半以降，ヨーロッパにおける親ギリシア主義の影響からオスマン帝国に隷属するギリシアのイメージが数多く描かれた。この図はコライスの著作『戦闘のラッパ』の挿絵。右下の人物がオスマン帝国を，中央の女性がギリシアを象徴している。背景は古代遺跡で，女性の足元にはホメロスという文字が読み取れる。

の価値を伝えるための教育の必要性を訴えたりするようになる。西欧や中欧の都市のギリシア人居住区、ヴェネツィア支配下のイオニア諸島、あるいはイスタンブルやスミルナといったオスマン帝国の大都市、そしてモルドヴァ・ワラキア両公国のギリシア学校では、古代ギリシア語、古代ギリシア史、ギリシア古典文学に重点をおいた授業がおこなわれるようになった。「自分たちの歴史」について遥かに知識の蓄積のあったヨーロッパ人が著わした古代ギリシア史も、ギリシア語に翻訳され、出版された。古代の英雄の伝記や地誌の類も流行した。キリスト教の聖人名にかわって、テミストクレスやレオニダスといった古代の英雄の名前を子供に命名したり、自分の名前として使用したりすることが流行した。

これら親ギリシア主義的知的潮流の集大成といえるのが、パリ在住のギリシア人思想家コライスによる活動である。彼は、ビザンツ以来のキリスト教こそがギリシア人を堕落させ、無知蒙昧《もうまい》におとしいれた元凶であると主張し、ギリシア人は古代ギリシアへの回帰をめざすことによって異民族支配から解放され、ギリシア民族として再生できると説いた。彼は「ギリシア文庫」と総称される、ホメロスの時代からプトレマイオス朝にいたるまでのギリシア古典の出版に意欲をもやし、一八〇五年以降二〇年以上にわたって活動を続けた。これらの出版物の多くを、主に西欧で財を築いたギリシア商人たちが、自分やその師弟のために買い求めた。コライスはさらに、「ローマ帝国の人」を元来意味し、オスマン帝国では「キリスト教徒」と同義で用いられていたロミイ(ロメイ)と自称することをやめて、エリネス(ヘレネスの現代語読み)あるいはグレキ(ラテン語のGraecusに由来)を使用することを提唱し、ギリシア民族としての意識を喚起した。

古代崇拝の風潮を、オスマン帝国の東方正教会指導者層は、脅威と受け取った。それはキリスト教の教えに反するばかりでなく、宗教別支配を基盤にしていたオスマン帝国の構造そのものにたいする、潜在的な挑戦だったからである。フランス革命をへて、啓蒙思想がギリシア人にさらに流布し、加えて、ナポレオンの登場と、一七九七年のフランスによるイオニア諸島の併合が、ギリシア解放の希望を増大させた。このことは東方正教会指導者層の危機感を一層つのらせた。このような状況のなかで、一七九八年、西欧からの邪悪な思想的影響を廃し、キリスト教徒として神の意志に従って、オスマン帝国による支配を受け入れることを説いた文書「父の教え」が、イスタンブルの世界総主教座印刷局から出版された。それにたいして、コライスは「兄の教え」と題する文書で対抗した。

このように、思想や文化面でのあらたな胎動がみられた一方で、この時期には政治的な意識の芽生えも確認できる。一七七〇年二月、ペロポネソス半島のギリシア人名望家たちを中心とした蜂起が勃発した。蜂起そのものは、オスマン当局に要請されたテッサリアとマケドニアのアヤーン(ムスリムの地方豪族)連合軍によってまもなく鎮圧された。この蜂起は、独立という明確な目的をもって反旗をひるがえしたというよりは、当時南下政策を強力に推進していた女帝エカテリーナ二世のロシア帝国に過大な期待をよせ、使嗾《しそう》された側面が強い。しかしながら、ペロポネソスのギリシア人名望家

（多くが大土地所有者）が、独自にロシアと連絡を取り合うほどの政治力をたくわえていたことは事実であり、約五〇年後に開始される独立戦争のギリシア反乱軍の中心拠点がペロポネソスだったことを考慮すると、彼らの独立への志向を時期尚早なものとして必ずしも否定することはできない。

この一件以降、ロシア、イギリス、フランス三国による、オスマン帝国の処遇をめぐる覇権争い（東方問題）が過熱の一途をたどったこと、またイピロスのアヤーン、テペデリンリ・アリ・パシャの台頭に代表される、オスマン帝国内部の弱体化といった状況に助けられるかたちで、ギリシア独立への道筋は徐々に開けていった。一七七四年のキュチュク・カイナルジャ条約で定められた、ロシア保護下でのギリシア船舶の活動は隆盛をきわめた。フランス革命の勃発によってフランス商人が東地中海から一掃されると、彼らにかわってギリシア商人がその利益を手中におさめた。このように「トルコの軛《くびき》」から比較的自立して活動する機会をギリシア人がえたことも、独立の気運をうながすひとつの要因となった。一八〇四年のセルビア人の蜂起もギリシア人を勇気づけた。さらには、たがいの利益をめぐって対立するヨーロッパ列強の妥協の産物として、短期間存在したイオニア七島（ケルキラ、パクシ、レフカダ、イタキ、ケファロニア、ザキントス、ストロファデス）連邦国（一八〇〇～〇七年）において、憲法制定や外交権などの政治的権利がギリシア人にはじめて付与されたことは、ギリシア独立へ向けての象徴的な第一歩となった。

リガスとフィリキ・エテリア

前述の出来事が起こっているさなか、ギリシアの独立という意図をもって行動した一人の人物がいた。十八世紀末のウィーンで秘密結社をつくってギリシア解放運動を開始したリガス・ヴェレスティンリスである。彼は一七九八年に、フランス革命の影響を受けた、「革命宣言」「人権宣言」「ギリシア共和国憲法」「戦歌」の四部から構成される『ルメリ、小アジア、エーゲ海諸島、およびワラキア・モルドヴァ住民の新政治体制』を著わし、ナポレオンのギリシア入りを待って蜂起することを企てていた。彼がめざしたのは、オスマン帝国支配からバルカン諸民族を解放して、ギリシア人を中心としたギリシア共和国を建国することだった。この活動を知ったオスマン当局は、彼を逮捕し絞首刑に処したが、彼の精神はのちの秘密結社フィリキ・エテリアに継承された。

エテリアは、一八一四年、ロシア帝国領オデッサ在住の三人のギリシア商人によって創設された。フリーメイソンの組織に似た位階制や入会儀式を取り入れたこの結社には、オスマン帝国のギリシア人だけでなく、イオニア諸島、ロシア、西欧・中欧のギリシア人が入会した。残された史料では、独立戦争直前の会員数は約一〇〇〇人が確認できるのみだが、実際には二〇〇〇〜三〇〇〇人にのぼったと推測される。

エテリアの目的はいうまでもなくギリシア民族の解放だった。しかしながら、解放のための手段や協会の政治思想、および将来のギリシア像は必ずしも明確なものではなかった。それにもかかわらず、会員を獲得できたのは、ロシア帝国がエテリアを支持していると広く噂されていたためだった。同じ東方正教を信じるロシアが、ギリシアを解放してくれるという期待は、十八世紀初頭のピョートル大帝の時代以来、予言や伝承をとおして人々のあいだに浸透していた。また、たび重なる露土戦争がその期待をより一層現実味のあるものにしていた。

エテリアの指導者は、この噂を利用するだけでなく、実際ロシアに接近して援助を獲得しようとした。彼らは、イオニア七島連邦国で行政にたずさわり、一八〇九年からはロシア皇帝アレクサンドル一世の外務次官を務めていた、ギリシア人イオアンニス・カポディストリアスにエテリアの総司令官に就任してくれるよう、二度にわたり要請した。しかし、カポディストリアスはこれを拒否した。皇帝に随行してウィーン会議にも参加し、外交経験豊富なカポディストリアスにとって、ナポレオン戦争後のヨーロッパの勢力均衡をくずすことになるであろうエテリアの企てが失敗することは、容易に予測できたからである。

最終的に総司令官に就任したのは、ファナリオテス（上巻二六三頁参照）出身のギリシア人で、ロシア軍将校だったアレクサンドロス・イプシランディスだった。一八二〇年四月に彼がその任務に就くと、それまで不明確であったギリシア解放のための具体的な手段、すなわち武装蜂起の計画が立てられた。翌年三月、イプシランディス率いるエテリア軍は、プルート川をこえモルドヴァに侵入し、ギリシア独立戦争が開始された。

独立戦争の展開

カポディストリアスの予想どおり、正統主義の原則に支配されていた当時のヨーロッパ列強は、イプシランディスの蜂起に冷淡な態度を示し、声をそろえて非難した。イプシランディスやほかのエテリア会員が期待したロシアは、援助するどころかイプシランディスのロシア軍籍を剝奪し、オスマン帝国が蜂起鎮圧のための軍を派遣することを許可した。イプシランディス軍はまもなく孤立し、六月ドラガシャニの戦いで壊滅した。

一方、オスマン帝国の首都イスタンブルでは、世界総主教グリゴリオス五世が絞首刑に処された。彼は、啓蒙主義とフランス革命思想を敵視する急先鋒であり、エテリア蜂起を真っ先に非難した張本人だったが、スルタンにたいする正教徒の反逆を最終的に阻止できなかった罪を問われたのだった。それに続いて、オスマン帝国の主席通訳官を務めた、ギリシア人コンスタンディノス・ムルジスのような、有力ファナリオテスも虐殺された。ファナリオテスの家系によって独占されてきた、モルドヴァ・ワラキア両公国の公《ホスポダール》の地位も剝奪され、帝国のなかで繁栄を享受してきたファナリオテスの時代は終焉をむかえた。

イプシランディスの蜂起は、ギリシア人全体による一斉蜂起こそ引き起こさなかったものの、これを契機にイピロス、マケドニア、テッサリア、中央ギリシア、ペロポネソス、そしてエーゲ海の島々で散発的な蜂起が続いた。なかでもペロポネソスの蜂起は、オスマン帝国の周縁という地理的利点と、在地のオスマン軍司令官フルシト・パシャが、イピロスのアヤーン、アリ・パシャ討伐のための遠征にでていたことが幸いして、即座の反撃をまぬがれ、ギリシア反乱軍の中核となった。

独立戦争前期(一八二一〜二五年)においては、概してギリシア軍はオスマン軍にたいして有利な戦いを展開した。一八二二年、海上ではカナリス率いるギリシア火船が、オスマン艦隊に打撃を与える一方で、陸上では六月にアテネのアクロポリスを獲得した。七月にはコロコトロニス率いる軍が、コリントスとアルゴスのあいだに位置するデルヴェナキアで、ドラマリス(メフメト・アリ・パシャ)率いる二万五〇〇〇人の軍に勝利した。一八二三年には、オスマン軍はアンドルッツォス軍によって、パルナッソスとエリコンの山道で大打撃を受けただけでなく、アクロコリンソスを手放し、さらにはミソロンギでも敗北した。ヨーロッパ列強の態度とは異なり、親ギリシア主義に感化された欧米からの義勇兵も、つぎつぎにギリシアの地に到着した。ロンドンやパリをはじめとするヨーロッパ各地にギリシア軍を支援する委員会が結成され、資金が集められた。詩人バイロンはイギリスからの義捐金《ぎえん》を携えて、一八二四年一月にミソロンギ入りした。彼らにとって、この戦いは、異教徒にたいするキリスト教徒の聖戦であるのみならず、ギリシア人にかつての栄光を取り戻させ、再生させるための戦争であるという崇高な意味をもっていた。

このような有利な状況にもかかわらず、ギリシア軍は早期に決着をつけることはできなかった。その原因のひとつを、ヨーロッパ列強の非協力的態度もさることながら、戦争当初からみられたギリシア人の意志の不統一に求めることができよう。戦争直後には、アレクサンドロス・イプシランディスの弟、ディミトリオスと名望家らがペロポネソスに、ファナリオテス出身のマヴロコルダトスが大陸ギリシア西部に、同じくファナリオテス出身のネグリスが大陸ギリシア東部に、それぞれ政府を樹立した。この三分裂状態でさえも固定的なものではなく、そのときどきの利害や権力関係に応じて、個人あるいは社会集団、地域ごとに変幻自在に党派がくまれた。

彼らは、ギリシアをオスマン帝国支配から解放するという点では一致していたが、それ以外の点で共通点をみいだすことは容易ではなかった。とくに、将来のギリシアの政体と、そのなかで自分たちが担う役割をめぐっては、まったく異なる見解をもっていた。キリスト教徒の名望家（コジャバシデス、プロクリティあるいはプロエスティ）、エーゲ海の島々の船主や船長、そしてクレフテスやアルマトリと呼ばれた武装集団は、多かれ少なかれその権力基盤をオスマン帝国に依存していた。名望家は税の代理徴収権などを手中におさめていた。船主は十八世紀末以降、海運業で経済的な力をたくわえていた。アルマトリは治安維持を目的に帝国から武器携帯の許可を与えられた非正規軍だったが、その特権的な立場を利用して、キリスト教徒をしばしば搾取していた。クレフテスは文字どおり匪賊《ひぞく》であるが、アルマトリの多くはクレフテスの出身だった。独立戦争当初、彼らは既得権益を失うことを恐れ、重い腰をあげようとはしなかった。クレフテスやアルマトリのなかには、戦利品の獲得や生き残りだけを目的に、戦況によってはオスマン帝国軍に寝返る者も少なくなかった。名望家にしろ、アルマトりにしろ、独立戦争でスルタンの支配から脱したあとは、地方自治体制のもとで自らが権力を手中におさめることを思い描いていた。とくに合議制に基づく長老会の伝統があったペロポネソスの名望家は、その延長としての国家像を思い描いていた。一方、啓蒙思想の影響を受けたファナリオテスや、独立戦争勃発後に帝国外からギリシア軍に参加したギリシア人知識人らは、ギリシアをヨーロッパをモデルとした近代的な国民国家として独立させることを考えていた。

このような対立を解消するために、一八二一年十二月、エピダウロスで三政府の代表者による第一回国民議会が開催された。ここでギリシア独立が欧米にたいしてアピールされ、マヴロコルダトスが大統領に選出された。翌一八二二年一月には、主権在民の憲法が発布された。しかしながら、この憲法も、三政府を統合したギリシア中央暫定政府も、実効性をもたなかった。ギリシア人は相変わらず相互不信のまま、ついには二回にわたる内戦を経験することになった。第一次内戦(一八二三年十一月〜二四年)では、軍事司令官の地位を剝奪されて憤ったコロコトロニスに先導されたペロポネソスの名望家と、反コロコトロニス派それぞれが政府を樹立して戦った。第二次内戦(一八二四年十一〜十二月)では、イギリスからの借款によって、政府内での相対的地位が低下したペロポネソスの名望家らが中心に画策した反政府の蜂起にたいし、政府は、ペロポネソスにルメリ(大陸ギリシア)の兵を派兵したが、これによってギリシア人同士の「兄弟殺し」が続いた。ギリシア人の対立はもはや収拾がつかず、これを解決してギリシアの将来を有利に導くことができるのは、ヨーロッパ列強以外にありえないという考えが、ギリシア人のあいだでも支配的になった。ロシアは、一八二四年にオスマン帝国内のギリシア自治国を提案したことによってギリシア人の反感をかい、伝統的な信頼関係を損なっていた。ギリシア暫定政府は一八二四年、二五年の二回にわたってイギリスに仲介を求めた。

ヨーロッパの介入

戦争後期、オスマン帝国からの援助の要請を受けたエジプト軍が派遣されると、ギリシア軍は一転して窮地に陥った。エジプト総督ムハンマド・アリーの息子イブラヒム・パシャが指揮するエジプト軍は、一八二五年二月にクレタ島を占領すると、続いて南西ペロポネソスから上陸し、ナヴァリノ、ミソロンギを獲得、そしてついにはアテネの占領に成功した。独立戦争の継続はいまやまったく困難な状況に陥った。この危機的状況は、ヨーロッパにふたたび親ギリシア主義の大きな波を引き起こした。ギリシア政府は欧米の個人からの寄付と、内戦後に投獄されていたコロコトロニスをふたたび司令官として迎え入れることによって、この危機を乗りきろうとした。

同じころ、ヨーロッパ列強のなかでも、イギリス、ロシア、フランス三国のギリシアにたいする態度に変化がみられた。それは三国がギリシア独立の大義に信服したからではなく、それら三国のうちどこか一国が先んじて戦争に介入し、東地中海で利益をえることを警戒しはじめたためだった。まず動き出したのは、ギリシア側からも仲介を要請されていたイギリスだった。ロシアがそれに呼応した。

一八二六年四月、ペテルブルク議定書によって、両国はオスマン帝国を宗主国とするギリシア自治国の建国を原則として、ギリシア独立戦争に介入することを確認した。これにたいして、歴史的にオスマン帝国に強い影響をおよぼしてきたフランスは、イギリスとロシアへの対抗心から、この二国と足並をそろえることにした。ペテルブルク議定書は翌一八二七年ロンドン条約に変更され、それに従って八月には、三国はギリシア独立戦争に正式介入した。一八二六年四月にミソロンギ、二七年六月にアテネをオスマン・エジプト軍によって再占領され、いまや劣勢にあったギリシアは、喜んでこれを受け入れた。そしてこの時期には、三国それぞれの国の政策に肩入れし、独立後もその国の影響を受けつづけることになる「イギリス派」「ロシア派」「フランス派」と称される、ギリシア人たちによる党派の輪郭も徐々に明らかになった。

数カ月後、ギリシア独立戦争の最終的な運命を決定づけたナヴァリノの海戦が勃発した。当初列強三国は、それぞれの国の地中海艦隊にたいして、オスマン軍に休戦を強要するよう指示をだしていた。しかし、一八二七年十月、親ギリシア主義者のイギリス艦長コドリントン卿を先頭にした三国の艦隊とオスマン・エジプト連合軍が、期せずしてナヴァリノ湾で戦闘を開始し、その日の夕方までには三国の連合艦隊が勝利した。直後、オスマン帝国はロシアが北から侵入してくることを警戒して、ルメリのオスマン軍をモルドヴァ・ワラキア国境に移動させた。それによって生じた空白地帯では、ギリシア反乱軍がふたたび勢力を盛り返した。フランス軍がペロポネソスにはいるとの情報に、エジプト軍は撤退を開始した。

この海戦での三国の勝利を契機に、ギリシアの将来は三国の外交に委ねられた。一八二八〜二九年の露土戦争後に締結されたアドリアノープル条約で、オスマン帝国は、オスマン宗主権下の自治国としてのギリシアの地位を受け入れた。しかしここでも、三国のたがいの猜疑心が、ギリシアを独立へと導くという幸運にめぐまれた。アドリアノープル条約によって、この地域でのロシアの影響力が増大することを危惧したイギリスが、ギリシアの完全独立を主張したのだった。ギリシア人のあいだで人気が凋落《ちょうらく》することを恐れたロシアは、これに反対できなかった。最終的な国境画定の問題は棚上げにされたものの、一八三〇年二月のロンドン議定書によって、三国保護下のギリシア国家の独立が承認された。加えて、三国のギリシアにたいする勢力の均衡を保つために、これら三国以外からギリシア国王が選出されることも決められた。

カポディストリアスの統治

この間、ギリシア暫定政府は、一八二七年四月にトリジナで開催された第三回国民議会で、カポディストリアスを独立ギリシアの大統領に選出した。開戦直後カポディストリアスはロシアからスイスに移り、ギリシア反乱軍とは一線を画しながら独立戦争を見守っていた。当初から彼は、ヨーロッパ列強の援助なくしてギリシアは独立を達成できないと考えており、これまでの外交経験をいかして、ヨーロッパとギリシアのパイプ役となることで独立戦争に貢献しようとしていた。大統領に選出されると、ロシアの外務次官を辞任し、ヨーロッパの国々を歴訪してギリシアへの援助を訴えた。そして一八二八年一月、三国のギリシアへの支持を象徴するかのように、ロシアとフランスの船をともなったイギリス船に乗船して、ペロポネソスのナフプリオンに到着した。

カポディストリアスは、独立戦争のギリシア人指導者を信用していなかった。彼は、名望家を「キリスト教徒のトルコ人」、クレフテスの頭目《カペタニオス》を「略奪者」、知識人を「愚か者」、そしてファナリオテスを「スルタンの子供」と形容して軽蔑していた。彼は、対立と内紛を繰り返しているギリシア人は、独立を達成できるほど成熟していないとみなし、自分が全権力を掌握して、ギリシア人を近代的な「ギリシア国民」となるべく指導していくことを考えていた。その過程で、彼は自分の故郷であるイオニア諸島やヨーロッパに在住していて、独立戦争に直接参加しなかったギリシア人を主に登用して、党派色にそまった独立戦争の指導者たちを権力の中枢から遠ざけた。

さらに彼は、第三回国民議会で採択された憲法を停止し、暫定政府を解散させた。それにかわる行政執行機関として評議会パンエリニオンを設立し、西欧風の官僚組織づくりを始めた。続いて、地域に割拠する軍事集団を正規軍に編入するための軍制改革、税制の整備、銀行の設立、商業活動促進のための体制づくりに着手した。また、彼は教育を重要視して学校建設を急いだ。そのほかにも、ギリシア民族としての意識を涵養する目的で、古典古代にその根源をもつ演劇、音楽、文学を広め、民族のルーツへの興味を喚起した。

他方、領土の画定もすみやかに解決されねばならない問題として残されていた。ナヴァリノの海戦以降、ギリシアの独立は確実視されつつあった。しかし、ギリシア反乱軍の中核地域だったペロポネソス半島だけでは、ギリシアは国家として生き残れないと、彼は考えていた。カポディストリアスのパンエリニオンは、オスマン帝国と直接交渉する権限をもっておらず、したがって国境も含めたギリシアの将来すべては、三国とオスマン帝国との交渉しだいだった。彼は三国に訴えて、できるだけギリシアに有利な国境線が引かれるよう奔走した。また、コリントス湾より北の大陸ギリシア地域に派兵して占領させ、ギリシア領としての既成事実をつくることも試みた。しかしながら、三国はギリシアをできるだけ小国にとどめようとしたし、露土戦争(一八二八〜二九年)が勃発したために、国境の画定は一八三二年まで延期された。

カポディストリアスの統治は、権力の中枢から排除された独立戦争時のギリシア人指導者の目には、独断的な専制行為に映り、彼らの不満はしだいに御しがたいほどに増大した。イギリスとフランスは、カポディストリアスの親ロシア的背景と、彼が「ロシア派」の人々を比較的厚遇することに疑いの目を向け、ロシアの影響力の浸透を警戒した。カポディストリアスを攻撃する言説が広まり、実際に彼を権力から引きずりおろそうとする陰謀が計画された。一八三〇年のフランス七月革命も、この反カポディストリアスの気運に刺激を与えた。同年、ペロポネソス南端マニの名望家マヴロミハリス一族の長ペトロベイスは、ナフプリオンで議会を召集し、カポディストリアスによって停止された国民議会と憲法の復活を唱えた。彼はまた、反カポディストリアス派の巣窟となっていたイドラ島のギリシア人指導者と協力して、蜂起する動きをみせた。このことによって、彼は見せしめとして逮捕された。これにたいしてマヴロミハリス一族は復讐に立ち上がった。一八三一年十月九日早朝、日曜礼拝に向かったカポディストリアスは、ナフプリオンの聖スピリドン教会の前で暗殺された。

彼の死後、弟のアウグスティノス、軍事指導者コロコトロニス、そして戦争中大陸ギリシアで実力をたくわえた政治家コレッティスの三名からなる、暫定統治委員会がつくられた。しかしまもなく、カポディストリアス派の前者二人とコレッティス派が対立し、内戦状態に陥った。一八三二年春、コレッティスは、独立戦争期と同様に、配下のルメリの兵士をカポディストリアス派の牙城ペロポネソスに送り込んだ。この危機にたいし、三国はアウグスティノスに委員会からの離脱をうながし、彼は兄イオアンニス・カポディストリアスの亡骸《なきがら》とともに、イオニア諸島のケルキラに去った。内戦でコレッティスが勝利すると、七月にプロニアで国民議会が開催された。そこでは、憲法にかんする議論が期待されていたが、三国はそれを認めなかった。これを不満としたルメリの武装集団は議会を暴力的に解散させ、代表者を連れ去るといった行為におよび、不穏な状況が続いた。十一月、コロコトロニスを中心としたカポディストリアス派は、独自の軍事委員会と評議会を創設して権力奪回の行動を起こした。初代国王となるオットー（ギリシア名オトン）が、バイエルンからギリシア王国の最初の首都ナフプリオンに到着したのは、その戦闘がフランス軍によって鎮圧されてわずか二週間後のことだった。

2 保護国支配下の国家建設

バイエルン人摂政による国づくり

独立を達成したとはいえ、ギリシアは独立戦争時と同様に、列強の影響力からまぬがれることはできなかった。三国（英・仏・露）と、国王オトン（在位一八三二〜六二）の故郷バイエルン政府とが署名した、一八三二年五月七日の条約は、三国のギリシアへの正式の介入を認めるものだった。三国は「保護国」というかたちでギリシア政治の自立性を奪い、借款を供与することで、経済的にもギリシアを拘束する権利をもった。アテネ駐留の三国の大使は、戦争中に形成されたイギリス派、フランス派、ロシア派のギリシア人と結託して、ギリシアの政治に深く介入した。アテネ在住のイギリス人が当時いったように、まさに「独立ギリシアなどお笑い種」だった。

ところで、一八三三年当時、十七歳の国王オトンには、三人の摂政、アーマンスベルグ伯、法律家マウラー、そして軍人ハイデックが随行してきた。オトンが成人する一八三五年までのあいだ、この三人が実際の政治にたずさわることになったのである。摂政たちは、一〇年以上にわたった戦争により疲弊したギリシアの地に、秩序ある西欧風国家を建設するという大きな仕事に取り組んだ。この目標を達成するためには、独立戦争中にギリシア人が露呈した党派的あるいは、地域主義的な対立が障害となることは明らかだった。摂政たちは当初からそれを警戒して、強権的な中央集権体制をしいた。

摂政たちが、最初に断固たる態度で臨んだのは、軍組織にかんする改革だった。かつてのクレフテスやアルマトリといった、武装集団の頭目にのみ忠誠を誓う非近代的な非正規軍は、イギリス派、フランス派、ロシア派ギリシア人の政治勢力と結びついており、国家内の分裂のあらたな火種となる可能性を十分秘めていたからである。独立戦争後も武器を手にして略奪を働き、秩序を乱していた約五〇〇〇人の不正規軍と、約七〇〇〇人の正規軍ギリシア人に解散命令をだし、あらたな正規軍を創出する体制づくりが進められた。ここでは圧倒的にバイエルン人兵の数がまさり、主要な役職にもバイエルン人やイギリス人、フランス人が就いたが、独立戦争時の非正規軍ギリシア人からの入隊が禁止されていたわけではない。しかしながら、摂政の意図とは裏腹に、ギリシア人たちの多くは、新しい正規軍に属することを望まなかった。彼らのなかには、クレフテスとして、国境をこえてオスマン領の匪賊集団と合流したり、王国内で略奪や小競り合いを起こすなど、かつてと同様の生活を続ける者も少なくなかった。また、一部は政治家に雇われ、指示に従って暴力的に政治に介入し、その機能を麻痺させた。このような武装集団の存在は、十九世紀をとおしてギリシアの大きな社会問題となった。

一方、中央の行政機関でも、バイエルン人を中心にしたヨーロッパからの専門家が、数多く採用された。かたちのうえでは、ギリシア人を含む七人の大臣からなる内閣が存在したが、事実上摂政の手先として奉仕する機関にすぎなかった。オスマン帝国時代には一定の自治を付与されていた地方にも、集権体制が導入された。全国が一〇の州(ノモス)に分けられ、その下に県(エパルヒア)、さらには市(ディモス)が設けられた。州知事、県知事は、国王によって任命されることで、中央政府と結びついていた。

法制度については、摂政の一人であったマウラーの主導で、改革が進められた。一八三三〜三四年に刑法、民法が制定され、裁判所組織も確立された。各州に第一審裁判所が設置されたほか、三つの商業裁判所(シロス、パトラ、ナフプリオ)と、二つの控訴裁判所(アテネ、トリポリ)がおかれた。そして最高裁判所アレオスパゴスはアテネにおかれた。

財政はまったく心もとない状態だった。一八三二年に、三保護国は六千万フランの借款をギリシアに保証したが、それまでの借入れや、オスマン帝国への賠償金、そして年間収支の赤字によってほとんど残らなかった。合理的な税制の確立が急がれ、一八三三年にはあらゆる省庁から独立した監督局が設けられた。監督局は不正な土地の売買を調査し、大土地所有の名望家層を解体し、小作農を創出して税を徴収することをねらった。しかし、従来の恣意《しい》的な徴税システムから利益をえていたギリシア人はそれに協力せず、クレフテスの横行への対処といった目前の問題に忙殺された摂政たちのもとで、財政状態は一向に改善されなかった。

オスマン帝国時代には、ギリシア人のアイデンティティのよりどころだった教会の位置づけも、大きな問題だった。独立戦争勃発直後、イスタンブルの世界総主教座はギリシア人を反徒とみなし、彼らを破門した。一八三三年、ギリシア王国は、イスタンブルの世界総主教座の管轄を離れたギリシア独立教会をつくることを、一方的に宣言した。教会と国家の関係では、教会が国家に従属するかたちがとられることになった。国王が教会の首長となり、王が指名した五人の聖職者からなる王国宗教会議が、運営の責任をおうことが定められた。修道院は宗教・教育省をとおして国の管理下におかれた。教会財産は接収され、修道院も徐々に減らされた。

これまで教会の手に委ねられてきた教育も、西欧風の制度に再編された。すべての市に小学校が設立され、八歳以上の児童の教育が義務とされた。中等教育の施設として、県の中心地におかれた三年制のギリシア学校(エリニカ・スホリア)と、その後進学する四年制の中等学校(ギムナシア)がつくられた。一八三七年には、初の国立大学となるアテネ大学が設立された。

これら一連の国づくりから、ギリシア人は排除され、ギリシア人のあずかり知らぬところで、さまざまな法律や組織がつくられた。一八三五年、オトンの成人にともなって摂政政治が終了すると、摂政の一人だったアーマンスベルグは第一首相の地位をえて、独裁的な支配を続けた。一八三七年のオトンの結婚を機にアーマンスベルグが解任され、短期間ルートハートがその任を引き継いだあとも、ギリシア人を軽視したバイエルン支配に変化はみられなかった。このような状況下でくすぶっていたギリシア人の不満は、コロコトロニスを中心とした権力奪回の策略(一八三三年)や、マニでの反乱(三四年)となって噴出した。一八三九年には、ロシア派とつながりをもっていた親正教協会が国王の正教改宗を要求し、イスタンブルの世界総主教座とギリシア独立教会の再統合をめざす陰謀も発覚した。一八四〇年、エジプトとオスマン帝国の関係が悪化すると、それに乗じてクレタや、北部国境のテッサリアやマケドニアで騒擾《そうじょう》が起こり、これがギリシア国内にも影響を与え、不穏な空気がただよった。

ルートハートが解任されると、オトンは実質的に権力を掌握し、国王親政をしいた。彼は、国内の閉塞状況を打開するために、一八四一年、独立戦争以来の有能なギリシア人政治家マヴロコルダトスをロンドンから召還して、外相の地位を提示した。イギリス派のマヴロコルダトスは就任の条件として、国王の権限を制限してギリシア人閣僚にも権限を与えることと、バイエルン人たちの退去を要求した。国王は躊躇《ちゅうちょ》しつつもこれを原則として認めた。マヴロコルダトスは、六月、イギリス派、フランス派、ロシア派のバランスのとれた組閣をおこなった。しかし、マヴロコルダトスが七月に立憲制への移行の態度を明らかにすると、オトンとの対立は避けがたいものとなり、八月にマヴロコルダトスは辞任に追い込まれた。その後はフランス派のフリスティディスが外相となり、オトンは自らの権力保持につとめた。しかし、ギリシア人軽視と、さらには保護国への借款返済のための財政引締め政策などから、オトン支配への不満は高まる一方だった。これらの不満は、イギリス派、フランス派、ロシア派の区別なく、カポディストリアス治世期以来に廃止された、憲法制定の要求へとつながっていった。

一八四三年革命とオトンの追放

一八四三年九月、政治家数人と、独立戦争で活躍した軍人が中心となって、クーデタを起こし、憲法の制定を要求した。十一月、国民議会が開催され、翌一八四四年三月、憲法が発布された。この憲法は、ギリシア人の市民的自由(人身売買の禁止、出版・言論の自由など)を保証し、賃金労働者以外の二十五歳以上の男子に選挙権が与えられるといった、先進的な内容を含む一方で、立法・行政・司法権については、いぜんとして国王の権限を大幅に認めていた。

憲法制定によって、ギリシアの政治はバイエルン人の影響力からは大方脱した。しかし、憲法でこれまでの政治文化が一変するわけもなく、今度はギリシア人政治家による恣意的で独断的な支配が始まった。とくに、一八四四年に首相となったフランス派のコレッティスは、自分を支持するルメリの武装集団の歓心をかうための気紛れな内政や、領土拡張の容認と受けとれる発言をし、国内を混乱におとしいれただけでなく、深刻な経済危機を招いた。

一八四七年のコレッティスの死後は、頻繁な政権交代が続き、保護国の介入はさらに拡大した。アテネ在住のイギリス臣民の財産喪失への補償として、一八五〇年、イギリスは莫大な金額をギリシアに要求し、ピレアス港を封鎖して要求をオトンに飲ませた。その一方、ヨーロッパの一八四八年革命の影響を受けたイオニア諸島のギリシア人蜂起を鎮圧して、これをイギリス領としてとどめおいた。一八五四年にクリミア戦争に乗じた、北部国境のイピロス、テッサリア、マケドニア地域でのギリシア人の武装蜂起にたいして、イギリスとフランスは、ピレアス港を再度封鎖してギリシアに中立を強いた。

クリミア戦争後、政治の舞台では世代交代が進み、保護国と結びつかない若い世代があらたな政治勢力として登場した。一方、憲法を形骸化して専制に固執するオトンへの不満が再燃した。また、子供のいなかった国王夫妻の後継者と、その宗教的帰属をめぐる問題が、正教徒の国王を熱望するギリシア人とバイエルン王家のあいだで表面化し、反オトン運動へと連なっていった。

一八六二年十月、アテネで再度のクーデタが勃発し、その首謀者たちは、オトンの廃位、新憲法と新国王選出のための議会の召集を要求した。オスマン帝国の維持と、自国の利益の確保を第一と考える保護国は、領土拡張をめざしてしだいに好戦的態度を鮮明にしてきたオトンを救う道をすて、クーデタを支持した。オトンは、保護国の忠告に従って、故国バイエルンへと向かわざるをえなかった。

ゲオルギオス一世の治世と二大政党制の出現

三保護国は、デンマーク王の次男ゲオルグを新国王に選んだ。一八六三年、彼は、後継者は正教徒にするという約束のもとに「ギリシア人の王」ゲオルギオス一世(在位一八六三〜一九一三)として即位した。翌一八六四年、王の即位にともなって、一八一五年以来イギリスに統治されていたイオニア諸島が、ギリシアに譲渡された。

一八六四年に発布された新憲法では国民主権の原則がうたわれた。一八四四年憲法と比較して、王権は著しく制限された。国王権力の手先だった上院は廃止され、議会は下院のみの一院制となった。議員は四年ごとに秘密投票で選出され、投票は二十一歳以上の全男子による普通選挙と定められた。この男子完全普通選挙の実施は、ほかのヨーロッパ諸国に比べてももっとも早い例に数えられる。しかしその一方で、国王の世襲制と憲法の範囲内での国王の権限は認められており、国王は閣僚の任免、議会の解散権をもつことによって政治にかかわることができた。

トリクピスとディリヤンニス　1882年以降，外交や経済問題をめぐる対立から保守派で民衆迎合的なディリヤンニス派と，改革派のトリクピス派のあいだで政権交代が繰り返された。これによって引き起こされた民衆の政治不信をこの図は風刺している。中央の女性(ギリシア)がトリクピス(左)とディリヤンニス(右)の耳を引っぱっている。

民主的憲法が発布されたとはいえ、ギリシアの議会政治は、政策論争によって党派を形成する、近代的で安定した発展をとげる段階には、いまだいたっていなかった。政局は安定せず、一八六四年から八〇年までに、じつに三一の内閣が誕生した。十九世紀最後の四半世紀になって、ようやく近代的な政治の原型が生まれた。その前段階として、一八七五年に政権の座に就いたトリクピスの主導によって、議院内閣制が発足した。一八八〇年代から十九世紀末までは、このトリクピスと、政敵ディリヤンニスの政党が、交互に政権を担う二大政党制が現出した。それは一言でいえば、内政重視のトリクピスと、領土拡張をめざす好戦的ディリヤンニスの時代として特徴づけられる。

トリクピスの政権は、西欧型の自由主義を標榜し、国内の政治や経済、社会基盤の近代化の確立に力を注いだ。健全な議会政治の運営のために、国王の政治への介入や、個人的な利害を背景にした従来の縁故主義の政治を廃し、議員数も大幅に減らした。公務員も、能力主義に基づいて採用することが定められた。また列強からの借款に依存した経済を立て直すために、緊縮財政政策をとる一方、タバコ税、酒税などの間接税をあらたに導入する増税政策によって、国の歳入をふやそうと試みた。さらには国内インフラの整備のための公共事業を進めた。道路が大幅に整備され、一八八二年にはアテネ・ピレアス間一二キロしかなかった鉄道網も一九〇〇年には一〇三三キロにまで拡大した。一八九三年にはコリントス運河が開通し、ピレアス・イタリア航路は三分の一に短縮された。

トリクピスの政策の多くは、大局的にはギリシアの近代化(西欧化)に貢献したが、個々のギリシア人に忍耐をしいたため、不評をかった。政敵ディリヤンニスは、民族主義的感情に訴えて、人々の不満を領土拡張運動に転化することで人気を博した。しかし、一八八五〜八六年のマケドニアへの軍事動員は列強の海上封鎖を招いた。さらに一八九七年の対オスマン戦争では、わずか三〇日で敗北するという屈辱を味わうと同時に、莫大な経済的損失に苦しめられることになった。列強への経済的な依存はさらに高まり、ギリシアの自立を意図した彼の思惑とは正反対の結果がもたらされた。

ディリヤンニスが首相として在任していた期間で唯一特筆すべきことは、一八九六年四月の第一回近代オリンピック開催である。当初、国の経済危機をおもんぱかったトリクピスは、アテネでのオリンピック開催をもちかけたクーベルタンに否定的な態度をとっていた。そのトリクピスが一八九五年の選挙に敗退し、ディリヤンニスが政権の座に就いたことによって、アテネでのオリンピックが実現されたのだった。そしてそれは、皮肉にも、トリクピスが望んだ、西欧国家としてのギリシアを、欧米の人々に知らしめるまたとない機会を提供した。トリクピスはオリンピック開会式の数日後にこの世を去った。彼の死後、ギリシアは領土拡張を旗印に、その最終段階に向かって突進していくことになる。

十九世紀後半の社会と経済——近代と前近代のはざまで

政治や社会における近代化が模索されたこの時期、ギリシア社会の非近代性を象徴するひとつの事件が起こった。一八七〇年のディレーシ事件である。独立以来の社会問題だった武装集団は、完全に撲滅されることなくいまだ生き延びていた。一八七〇年四月、マラトンへの遠足に向かったイギリス人とイタリア人グループが、ギリシア人匪賊に捕えられ、最終的にそのうちの四人がヴィオティア海岸のディレーシで殺害された。この事件は、ヨーロッパがギリシアを「盗賊の巣窟」あるいは「半野蛮人の国」と評するのに十分な根拠を与え、ヨーロッパにおけるロマン主義的なギリシア観は完全に跡をたった。時のギリシア政府は、莫大な賠償金を支払ったのみならず、事件にたいして、なんら有効な手段を講じられなかったことにたいして、関係諸国からの激しい非難にさらされた。さらに悪いことには、事件解決の過程でみられたギリシア人政治家同士の対立と、彼らと匪賊との関係が明らかとなり、ギリシア政治と社会の後進性が露呈してしまった。

しかし、これら匪賊の問題は、その後も完全に解決されることはなかった。なぜなら、後述するように、彼らはギリシアの領土拡張運動に不可欠な存在だったからである。西欧列強の圧力によって、公式に領土拡張を主張することができなかったギリシア政府は、その野望を、匪賊など武装集団の非正規軍を利用するかたちではたしていくことになる。一八六六年のクレタ蜂起や、北部国境での騒擾で有効な戦力となったのは、まさしく彼らだった。

一方、ギリシア経済は十九世紀後半にかけて悪化の一途をたどった。一八八〇年代にはいると、歳入の三分の一が外国からの借款で占められた。赤字収支は解消されず、一八八二年から九二年の歳入が八億二三六〇万ドラクマだったのにたいし、歳出は一一億二七三〇万ドラクマにものぼった。しかも、その歳入の四割から五割強は軍事費に、そして残りは大規模な公共事業費にさかれた。このため、工業や農業といった、基幹産業育成のために資金が有効に活用されることは、ほとんどなかった。

たしかに、食品や繊維工業の一部では機械化が進んだ。またフランス資本の会社によってアッティカでの鉱業が発展し、鉱物は一八八五年にはギリシアの総輸出の二八%を占めた。しかしながら、王国外の投資家や銀行は、長期的視野を必要とする工業への投資には消極的で、貿易や国債といった、短期的に利益を獲得できるものにのみ興味を示したためギリシアの工業化に貢献することはなかった。

農業面では、一八七一年にようやく農民への土地分配が完了し、農産物の増産が期待された。一八八一年、肥沃なテッサリアがギリシアに併合されると、耕作地全体で穀物栽培地が占める割合は、それまでの七%から七〇%弱にまで上昇した。しかし、耕作可能な土地は全領土の二〇%にすぎず、しかもその生産量は各家庭での消費をまかなう程度だった。一八六〇年代にはいって、地中海沿岸諸国のブドウがアブラムシの伝染病で被害を受け、とくにフランスのブドウが壊滅的な大打撃を受けると、幸運にも被害からまぬがれたギリシアでは、ブドウ栽培が盛んになり、ヨーロッパへのブドウ供給国となった。一八九〇年代初めにフランスでブドウ栽培が復活すると、ギリシアでは干しブドウ生産への転換がはかられ、その最大の生産国となった。しかし一八九〇年代の干しブドウの供給過剰は価格の下落を招いた。さらに、南北アメリカ大陸からヨーロッパに安価な農産物がはいってくると、干しブドウのみならず、ギリシア農産物全体の価格が暴落した。通貨ドラクマの下落もそれを助長した。

これによって、恒常的に貧困状態にあった農村の状況はさらに悪化し、生きる糧を求めて王国外、とくにアメリカ合衆国に移住する動きが加速された。一八九〇年から一九一四年のあいだに三五万人がアメリカに移住した。この時期、ギリシアは約二二〇万から二六〇万人の人口を抱えていたが、移民率はバルカン諸国のなかで最高だった。

このような状況のなか、一八九三年、トリクピスは債務不履行による国家破産を宣言した。さらに一八九七年の対オスマン戦争で敗北すると、歳入の三分の一にあたる六億金フランの賠償金を支払うため借款を重ねたことによって、ギリシアの主権は著しく侵害されることになった。翌一八九八年、国家財政は国際的な監督下におかれ、ギリシアは債券所有者を代表するヨーロッパ財政委員会を受け入れざるをえなかった。

3 メガリ・イデアと領土拡張政策

メガリ・イデア

ギリシア人の多くは、一八三二年に、保護国とオスマン帝国の合意で画定されたギリシア王国の国境を、暫定的なものとみなしていた。というのは、ギリシア人の居住地は国境を遥かにこえ、バルカン半島のみならず、クレタ島やキプロス島など東地中海の島々、小アジア、そして黒海周辺にまでおよんでいたからである。独立時の王国領人口が約八〇万人だったのにたいし、国境外のギリシア人人口はその約三倍と推定された。

この現実は、メガリ・イデア（大いなる思想）が十九世紀ギリシアの外交政策の指針とされる、十分な根拠となった。王国外のギリシア人を「解放」して、コンスタンティノープル（イスタンブル）を首都とするビザンツ帝国領の「回復」をめざすというこの思想に基づいて、ギリシアは領土拡張に乗り出した。歴史的なギリシア文化圏を統合することによってはじめて、ギリシアは国家として完成するように思われたのである。そしてこの政策は、王国外のギリシア人のあいだに高まる民族意識と呼応しながら推進された。彼らはギリシア王国こそがギリシア民族の中心地であるとみなし、統一を志向するようになった。

もちろん、小国ギリシアの民族の夢は、西欧列強の東方における利害対立に優先するものではなかったため、領土拡張の野心は、内政と同様につねに列強の態度に左右された。たとえば、クリミア戦争に乗じた北部国境でのギリシア人武装蜂起（一八五四年）は、イギリスとフランスによるピレアス港封鎖の圧力の前に挫折せざるをえなかった。しかしながら、列強の利害対立を巧みに利用、牽制することによって、十九世紀のギリシアは確実に領土を拡大していった。一八六四年にはイオニア諸島がイギリスから譲渡され、ベルリン会議後の八一年には、テッサリアがギリシア領となった。これらの領土が比較的平和裡に併合された一方で、クレタ島とマケドニアの獲得までには、数々の武装蜂起が繰り返された。十九世紀末には、この二つの地域の蜂起はたがいに連動し、流血をともないながら進行した。そこではメガリ・イデアの戦闘的側面が存分に発揮されたのだった。

クレタ蜂起と自治の獲得

クレタでは、ギリシアへの統合を求めるキリスト教徒たちの蜂起が散発的に発生し、一八六六年には大規模な蜂起に発展した。当初、クレタのキリスト教住民のすべてが、統合を求めていたわけではなかった。減税や自治、裁判所や学校、そして日常生活でのギリシア語の使用を容認する改革で満足する穏健派も存在した。しかし、しだいにキリスト教徒の要求は、統合を求める運動へとエスカレートした。一八六七年、帝国当局はムスリムとキリスト教徒の平等をはかるあらたな行政システムの導入(両者混合の議会、ギリシア語とトルコ語の併用、長老会の開催など)を盛り込んだ基本法を発したが、キリスト教徒たちはそれを拒否した。

蜂起は一八六九年まで継続し、ギリシアのみならず、ヨーロッパ列強までをも巻き込んだ。ギリシアは、クレタのキリスト教徒の蜂起にたいするオスマン帝国の反撃を、キリスト教徒救済の問題にすりかえてヨーロッパ列強に訴えた。列強は調査を開始した。ギリシアとオスマン帝国の対立で東方が混乱することを危惧した三保護国と、オーストリア、そしてドイツのビスマルクは、一八六九年にパリ会議を開催し、現状維持路線をとることが確認された。

　クレタ住民の状況は変わらず、一八六七年の基本法も履行されなかったために、ふたたび七八年に蜂起が勃発した。この問題は同年のベルリン会議で取り上げられ、イギリスの仲介によって、基本法を改定したハレパ協定が締結された。その内容は、議会や警察などの行政機関への、キリスト教徒のより広範な参加、さらにはギリシア語の使用の許可、それにともなう新聞、印刷物、文学活動を容認するものだった。

　その後一〇年のあいだに、クレタのキリスト教住民のあいだでは、穏健派と急進派の対立が先鋭化した。一八八八年に議会で急進派が多数を占めると、帝国当局はこれを警戒して派兵した。これを契機にギリシアへの統合をめざす急進派は、ギリシア本国の諸団体から支援されて蜂起の準備を進めた。一八九五年に、キリスト教徒のパシャにかわって、ムスリムのパシャが総督としてクレタに赴任すると、キリスト教徒たちの委員会は革命議会へと変貌した。革命議会は、アテネの民族協会《エスニキ・エテリア》の協力をえて、自治獲得とその後のギリシアへの統合をめざした。一八九六年五月にオスマン軍によるキリスト教徒虐殺事件を契機に、民族協会主導の兵士がギリシアからクレタに向かい、さらには、首相ディリヤンニスもクレタ近海に艦隊を進めた。これにたいし、ヨーロッパ列強はオスマン帝国内でのクレタの自治領化を提案したが、実現にはいたらなかった。

　翌一八九七年二月、ゲオルギオス一世はクレタ占領のためのギリシア軍を派兵した。列強はクレタを封鎖し、ギリシア艦隊を撤退させた。一方、この騒擾に乗じて、ギリシア本土の北部国境にも、ギリシア人非正規軍が集結した。クレタと北部国境では、オスマン帝国とギリシアの直接対決がもはや避けられない状況となった。同年四月、戦闘が北部国境で開始されたが、ギリシア軍はわずか三〇日で敗北した。この戦後処理の過程で、列強の交錯する利害関係から、クレタに自治を与えることが提案され、これが実行に移された。

一八九八年、ゲオルギオス一世の第二子ゲオルギオス公が総督としてクレタに着任し、島は急速に平和を取り戻した。住民は、ゲオルギオス総督の任期三年を経過すれば、クレタはギリシアに統合されると考えていたが、一九〇〇年、列強はこれを拒否した。このころ、司法顧問のヴェニゼロスとゲオルギオス公の対立が顕著となり、一九〇五年、ヴェニゼロスは総督の交代とギリシアへの統合要求を掲げて、革命宣言をおこなった。クレタでのさらなる武装蜂起を回避しようと調査に臨んだ国際監視委員会は、総督交代の検討に加え、キリスト教徒のより一層の地位向上といった、あらたな改革を提案した。ヴェニゼロスは、それらを受け入れた。ゲオルギオス公は総督を辞任し、新総督ザイミスがギリシアから赴任した。

マケドニア闘争

クレタのギリシア王国への統合要求は、オスマン帝国にたいする蜂起と列強の介入によって進展をみた。一方、北部国境では、高まりをみせる他民族のナショナリズムが、ギリシアのメガリ・イデアの前に立ちはだかった。一八七五年のヘルツェゴヴィナでの蜂起は、バルカン半島のスラヴ諸民族の蜂起を誘発した。この機に乗じて、ギリシアも一八七八年テッサリアとマケドニアで蜂起した。同年のベルリン会議で、セルビアとルーマニアが正式に独立を承認され、さらに自治国ブルガリアが成立すると、ギリシアはいよいよそれらの国々を相手に、マケドニアへの領土要求実現に向けての戦闘的態度をあらわにしていった。

マケドニアはオスマン帝国のヨーロッパ地域の中心で、良港を備えた都市テッサロニキを含み、十九世紀後半から二十世紀初頭には、コソヴォ、マナストゥル、セラーニク州から構成されていた。ここには、ギリシア語話者のみならず、ユダヤ人、スラヴ人、トルコ人、アルバニア人、ヴラヒ(ロマンス系諸語のひとつヴラヒ語を母語とする民族集団)、ロマ(いわゆるジプシー)などが共生していた。しかし、十九世紀末にかけて高揚したそれぞれの民族ナショナリズムによって、共生の場だったマケドニアは、領土をめぐる対立の場へと変貌した。ギリシアのみならず、セルビア、ブルガリアが、マケドニアの領有を虎視眈々とねらっていた。各民族はマケドニアに民族学校を建設して教師を送り込んだり、民族教会や文化組織の活動を援助したりして、それぞれの民族意識の醸成に躍起になった。

ギリシアにとって最大の敵はブルガリアだった。ブルガリアの民族意識は、ブルガリア民族教会設立運動と連動して発展した。一八七〇年、イスタンブルの世界総主教座からのブルガリア総主教代理座の独立が、オスマン帝国によって正式に承認されると、これがただちにブルガリア民族意識と結びつき、マケドニアの世界総主教座の教区をブルガリア教会側に取り込んで、領土拡張を有利に進め、大ブルガリアを実現しようとした。ギリシアはそれに対抗して、世界総主教座にたいして、ギリシア・ナショナリズムに協力するよう働きかけた。当初、全キリスト教徒の教会としての姿勢を示していた総主教座も、ブルガリアのみならずほかの民族も分離傾向を示していくなかで、しだいにギリシア寄りの姿勢を強めていった。

教育や文化活動に基づく諸民族の対抗関係もしだいにエスカレートし、十九世紀末にはゲリラによる武力衝突が頻発した。アテネの民族協会《エスニキ・エテリア》は、列強の言いなりになっている政府を尻目に、クレタ同様マケドニアにも兵士を送った。これらの非正規軍は、ブルガリアのゲリラと対立するのみならず、一八九七年には対オスマン戦争を引き起こした。激化するマケドニア紛争にたいして、一九〇三年、ロシアとオーストリア＝ハンガリーは、現状維持を原則とした「ウィーン綱領」、続いてマケドニア安定のための改革案「ミュルツステーク綱領」を作成したが、なんら効果をあげなかった。

列強の圧力の前に、マケドニア闘争への公式の関与を否定してきたギリシア政府も、一九〇四年には、秘密裏に武力闘争計画を実行に移した。アテネには、政府が支援するマケドニア委員会が結成され、テッサロニキをはじめとするマケドニアのギリシア領事館も協力体勢にはいった。同年十月、民族協会の会員メラスがブルガリアとの戦いで戦死すると、ギリシア人の愛国心はこれまでになく高まり、マケドニアの「ヘレニズム擁護」という大義のため命を捧げようという世論が沸騰した。

一九〇八年六月、立憲体制下でのムスリムと非ムスリムの平等を約束した「統一と進歩委員会」による青年トルコ人革命が起こると、マケドニアの武力闘争はいったん終息した。一部のギリシア人指導者のなかには、自由主義的なこの革命に期待をよせ、一転してオスマン帝国の枠組みを温存しつつ多民族が共生できる「東方帝国」の建設を望む動きもみられた。しかしながら、革命はしだいに右傾化して、トルコ民族主義が濃厚となった。このため「東方帝国」の夢はすぐに破れた。それをみこしたかのように、一九〇八年十月にはマケドニアで戦闘が再開され、以後バルカン戦争にいたるまで継続された。

メガリ・イデアとキプロス

ギリシア王国のメガリ・イデアの矛先《ほこさき》は、キプロスにも向けられた。ところが、メガリ・イデアの呼びかけに、キプロスのキリスト教徒が即座に応えたわけではない。彼らは、すでに二世紀以上にわたってムスリムと平和的に共存し、ときにはおたがいの文化を共有した。当局にたいして、両者が一体となって抗議行動を起こすこともあった。宗教や言語の違いが双方の敵意を助長することにはならなかったのである。

たしかに、ギリシア独立戦争時から、自分たちの運命をギリシアの運命と同一視する、一部のキリスト教徒知識人たちは存在した。ギリシア王国を自分たちの母国とみなし、これとの併合を望む思想と運動は、エノシスと称される。しかし、十九世紀にエノシスがキプロスのキリスト教徒の総意として表明されることはなかった。

とはいうものの、エノシスへの期待は、しだいにキリスト教徒民衆に浸透していった。これには、十九世紀後半以降の、ギリシア王国からのメガリ・イデアの働きかけがあったことは確かである。ギリシアは、マケドニアと同様に、学校教育や文化協会という手段をとおして、徐々にキプロスに触手を伸ばしていった。なかでも、アテネ大学に留学して、教育を受けた者たちは、しだいにギリシア人としての意識を強固なものにしていった。

ギリシア・ナショナリズムを支持する層のなかでも、注目すべきは正教聖職者の存在である。十九世紀末には、キプロス正教会が「キリスト教徒の教会」から「ギリシア人の教会」へと徐々に変貌し、大主教がギリシア人の長(エスナルヒス)として、キリスト教徒住民をエノシスに向けて統合する象徴的な存在となった。

キプロスの施政権は、一八七八年にオスマン帝国からイギリスに移され、それ以降一九六〇年にキプロス共和国として独立をはたすまで、イギリスの支配下におかれた。このイギリス支配によって、キリスト教徒のあいだでしだいにかたちづくられつつあったギリシア人アイデンティティは、確立されていった。イギリスは、行政や教育をとおして、宗教に基づくオスマン帝国での共同体意識を、エスニックなものにおきかえる政策を推進した。すなわち、「キリスト教徒」は「ギリシア人」、「ムスリム」は「トルコ人」と分類して統治したのである。両者の共通点よりも差異が強調され、一部左翼運動家が主張していた「キプロス人」意識の創造はもはや不可能となった。ギリシア人と意識したキリスト教徒たちにとって、ギリシア王国こそが「母なる国」としての地位を占めることとなった。

一九二二年、小アジア戦争でギリシアが大敗を喫すると、メガリ・イデアは実質的には終焉をむかえた。その後、キプロスにたいするメガリ・イデアのギリシア王国側からのアピールは影を潜める。しかし、キプロスのギリシア系住民は、イギリスに支配されていたことで、オスマン帝国からトルコ共和国への転換期の混乱を回避し、かえってギリシア人アイデンティティを温存、強化していった。

4　近代ヘレニズムとギリシア人のアイデンティティ

誰がギリシア人なのか

ところで、これまではギリシア人の存在を自明のものとして記述してきた。しかし、ギリシア人とそれ以外の民族、あるいは民族集団との境界は、けっして本質的あるいは固定的なものではなく、十九世紀を通じてしだいにつくられていったとみなすべきである。

一八二一年に独立戦争が開始されたとき、近代国民国家の主体たるギリシア人として自らを意識する者が、一部の知識人を別とすれば、少数にとどまったことは容易に推測できよう。そのような状況を裏書きするかのように、エピダウロスでの第一回国民議会で採択された憲法(一八二二年)では、ギリシア人の定義がなされている。それには、「東方正教を信じる、ギリシア領域に元来居住する者」と規定された。一八二七年にはギリシア人の父をもつ外国生まれのキリスト教徒と帰化を望む外国人(主にヨーロッパ人)にもギリシア人枠が広げられた。

このように、独立戦争中のギリシア人規定は、キリスト教徒という要素をもっとも重要視していた。さらにギリシア王国は、独立早々の一八三三年に、イスタンブル世界総主教座から分離したギリシア王国の正教会(独立教会)の創設を、一方的に宣言し、その教会組織を国の管理下においた。この措置は、ギリシア王国内の教会に属するキリスト教徒は、複数の民族(集団)から構成されていたオスマン帝国のキリスト教徒集団とは異なる、ひとつの独立したギリシア民族であるという意識を人々に浸透させるのに貢献した。

当初ギリシア王国は、キリスト教というオスマン帝国時代からのアイデンティティを、ギリシア民族としての意識を創造するために巧みに利用した。しかしその一方で、ギリシアにはもうひとつ無視することのできない民族のよりどころがあった。それは十八世紀後半以来、ヨーロッパの親《フィル》ギリシア《ヘレニ》主義《ズム》に基づいて形成された、古代ギリシアのイメージに対応するギリシア人像だった。ギリシア人のアイデンティティ形成の過程において、古代ギリシア崇拝は、キリスト教と対立する様相をみせながらも、十九世紀なかばまでは容易に後者を凌駕するまでになった。古代ギリシアとキリスト教という、あいいれない二つのアイデンティティの共存は、ときに矛盾を引き起こし、そのせめぎあいのなかで近代ギリシア人が生み出された。そこでは古代ギリシアとキリスト教という二分法を克服した、近代ヘレニズムと呼ぶべき、ギリシアのあらたなアイデンティティがみいだされた。

古代への固執

独立後のギリシアが、古代ギリシアの「再生」であることをもっとも印象づけた出来事は、一八三四年のアテネへの遷都だった。当時のアテネは、古代に都市国家の頂点に君臨したころの面影などない、人口約一万二〇〇〇人の地方都市でしかなかった。しかも、長期にわたる戦乱と占領によって、すっかり疲弊し廃墟と化していた。最終的に首都がアテネに決定されたのは、古代ギリシアの栄光という歴史を背負っていたからであり、その事実をヨーロッパ列強が難なく受け入れたからという点につきる。ギリシア王国は古代アテネのもつ学問と芸術の象徴性、政治的優位、そしてなによりもヨーロッパ文明の源としての特権的地位に、自分たちの未来を託したのだった。

首都アテネの建設には、ヨーロッパがいだいていた古代ギリシアのイメージと、近代ヨーロッパ的都市観が融合したかたちで投影されていた。イスラム都市の特徴である右に左に入り組んでいる小道や、モスク、公衆浴場、ときにはビザンツ教会までもが、古代ギリシア的景観にそぐわない「よそもの」として破壊された。それにかわって、幅員の広い道路をもつ碁盤目状のヨーロッパ風都市がめざされた。目抜き通りには新古典様式に基づいた建築物がつぎつぎと建てられた。

古代遺跡の発見と保護にも、ギリシア王国の知識人や政治家たちは特別の関心を示した。遺跡は都市の景観のひとつとして、古代と自分たちの絆を視覚的に証明するものだったからである。一八三四年の考古学条例に基づいて考古学局が設立された。廃墟となっていたアクロポリスの調査が開始され、一八三五年には一般の人々にも公開された。一八三七年にはアテネ考古学協会が設立され、古代遺跡の保護および発掘が国家事業としておこなわれる基盤ができあがった。とはいえ、当初、一般のギリシア人たちのあいだでは不満が噴出した。当時の新聞の投書欄には「古代が私にとってなんの意味があるのか」「発掘地域にも民家を建てさせてほしい」といったものがみられる。しかしながら、一八四〇年代には、古代ギリシアこそが近代ギリシアを擁護してくれるという意識が、一般にも浸透した。ヨーロッパ人が期待するギリシアは、古代と結びついたギリシアであり、遺跡には商品価値があることを理解したのである。ギリシアは、ヨーロッパ文明の源としての立場を利用して、競争心をあおりつつ、ドイツ、フランスをはじめとするヨーロッパの国々に発掘許可を与えた。

言語をめぐる問題は、古代ギリシア崇拝のさまざまな現象のなかで、もっとも政治的な色合いの濃いものだった。ヘルダー以来のヨーロッパでは、言語は民族の独自性を証明すると考えられていたからである。ギリシアにとって都合のよかったことは、アッティカ方言の古典ギリシア語が、十九世紀においてもなお文語のかたちで継承されていたことである。このことは、近代ギリシアが古代とつながっていることを示す、またとない証拠だった。しかし、同時に口語ギリシア語も存在した。コライス（六七頁参照）は、口語ギリシア語を、異民族との接触による影響を残す、不純物を含んだ言語とみなした。彼はギリシア語の「浄化」の必要性を説き、古代ギリシア語にできるだけ近い言語が使用されるべきであると主張した。のちにこの立場は、文語と口語を人工的に折衷した言語、カサレヴサ（純正語）を支持する一派を生み出した。一方、ヨーロッパの諸民族が口語に基づく言語を公的な場で用いる例にならった、ディモティキ（民衆語）と呼ばれる口語ギリシア語こそ、新生ギリシアの公用語とすべきだと主張する一派も存在した。

カサレヴサとディモティキの対立は、二十世紀後半にまでもちこされることになるが、十九世紀の古代崇拝のもとで、カサレヴサが公用語にふさわしい言語とみなされたことは容易に理解できる。このため政府の公式文書、裁判所、新聞、学校教育では、カサレヴサがもっぱら用いられた。他方、十九世紀末にはプシハリスの小説『私の旅』に代表されるように、ディモティキで書かれた文学作品が増加した。このように、実質的には二言語併用状態がみられたものの、公式イデオロギーとしてのカサレヴサの優位はゆるがなかった。それでも、使用言語をめぐっての言語論争は、十九世紀末から二十世紀にかけてますます熾烈《しれつ》をきわめ、論争をこえた実力行使にまで発展した。ディモティキ使用の要求の高まりとそれへのカサレヴサ支持派の抗議を象徴した一九〇一年の「福音書事件」、〇三年の「オレスティア事件」は、流血の惨事を引き起こした。

以上のように、十九世紀のギリシアは、ギリシア人としてのアイデンティティ形成途上において、古代ギリシアとのつながりを中心にすえ、盲目的にそれを崇拝した。しかし、その一方で、キリスト教徒としての意識も実際には維持されていた。

近代ギリシアのアイデンティティとギリシア民族の歴史

キリスト教徒として日常生活を送っていたギリシア人にとって、古代ギリシアにのみアイデンティティの基盤を求めることへの疑問や居心地の悪さは、年をへるごとに増幅していった。考古学の発掘にしても、ヨーロッパからの研究者が、現実のギリシアにまったく興味を示さないことに、ギリシア人がうんざりしていたこともまた事実だった。とはいえ、「古代ギリシアの末裔としてのわれわれ」という特権的地位を、完全にすててしまうことはできないというジレンマをもかかえていた。

他方、ギリシアが独立を達成したことと、ヨーロッパ人が実際にギリシアに頻繁に足を踏み入れることで、現実のギリシアについての情報が広くヨーロッパに伝えられるようになったため、古代ギリシアの「再生」に端を発した、十八世紀後半以来のヨーロッパの親ギリシア主義《フィルヘレニズム》の熱狂が、しだいにさめていくという状況も生まれた。ギリシアに滞在していたヨーロッパ人のなかからは、古代ギリシア人と近代ギリシア人を同列に扱わず、むしろ貪欲で粗野でさもしい近代ギリシア人の東洋《オリエント》的特徴をあざわらい、批判する言説も生まれた。

ヨーロッパのギリシア観が変容するのと平行して、十九世紀なかば以降、キリスト教意識に基づくギリシア・アイデンティティの重要性にたいする認識がますます高まった。これによってギリシア人は、啓蒙思想を背景とした、ヨーロッパの親ギリシア主義に背を向け、ヨーロッパが望むギリシア像とは異なるギリシアをつくりあげ、これを防御する姿勢をみせるようになる。

一方、キリスト教徒としての意識の高まりは、独立直後に袂《たもと》をわかった世界総主教座との関係修復の動きをもたらした。一八五〇年、世界総主教座がギリシア独立教会を正式に承認したことで、両者の対立関係にひとまず終止符が打たれた。さらに、コンスタンティノープル陥落四〇〇周年をむかえた一八五三年には、それまで「退廃の時代」として無視されてきたビザンツ帝国への記憶がよみがえり、むしろキリスト教擁護者というあらたな価値が付与されるきっかけになった。

このように、古代ギリシアとキリスト教を奉じるビザンツ帝国――それは西洋《オクシデント》と東洋《オリエント》を表象するものでもあったのだが――のあいだをゆれていたギリシア人と、ギリシアという国民国家のアイデンティティを矛盾なくひとつにまとめる役割をはたしたのが、歴史学だった。

その直接のきっかけとなったのは、ドイツ人中世史家ファルメライヤーによる、近代ギリシア人の起源にかんする著作だった。それによると、古代ギリシア人は、六世紀以降のスラヴ人のバルカン半島への侵入によって、全滅してしまい、近代のギリシア人とは、スラヴ人やアルバニア人ということであった。この「反ヘレニズム」の見解は、近代ギリシア人の存在意義を真正面から否定したものであった。近代ギリシアのアイデンティティに危機をもたらしたファルメライヤーの見解に対抗し、ギリシア人のなかでゆらいでいる、古代ギリシアとキリスト教という二つの相反する要素を統合して、近代ギリシア人が歴史的存在であることを証明しうるギリシア史を提示することが、急務とされた。

近代ギリシア史の父パパリゴプロスの著書『ギリシア民族の歴史』は、ファルメライヤーの主張を反駁《はんばく》するために書かれたといってよい。この著書で彼は、ギリシア民族が古代、中世ビザンツをへて近代にいたるまで断絶せずに存在したことを証明したのである。その際、近代ギリシアにとって必要とされた古代と、キリスト教的ビザンツ世界をつなぎあわせる役割をはたしたのが、アレクサンドロス大王だった。

ギリシア独立前後のギリシア人によるギリシア史では、フィリッポス二世とアレクサンドロス大王のマケドニアの歴史は、あくまで外国の出来事にすぎなかった。マケドニア人もバルバロイ(上巻八頁参照)とみなされていた。その一方で、民衆の記憶のレヴェルでは、アレクサンドロスの偉業や物語が、自分たちの過去に属する出来事として語り継がれていた。個々人の言説や民衆の記憶のなかで、ギリシア人との絆がぼんやりと意識されていたアレクサンドロス大王を、ギリシア史のなかに「ギリシア人」として位置づけたのはパパリゴプロスだった。アレクサンドロスは古代ギリシア文明を東方にもたらし、ギリシア語をヘレニズム世界に広めた。この彼の行為が、ギリシア語（コイネー）で新約聖書が書かれる道を開き、さらにはキリスト教的ビザンツ世界が展開する結果をもたらしたのである。

このように「ギリシア人」アレクサンドロス大王を媒介として、キリスト教という要素を、古代ギリシアとの連続性のなかで説明することによって、パパリゴプロスは古代から中世ビザンツをへて近代にいたる、直線的なギリシア史を完成させたのだった。彼のこの歴史観は、一見相反する古代ギリシアとキリスト教が、対立することなく共存する、近代ギリシアのアイデンティティ（近代ヘレニズム）の礎石となった。

近代ヘレニズムとメガリ・イデア

近代ヘレニズムには、ヨーロッパ文明の発祥地という名誉ある地位を保持しながら、東方へ拡大するヨーロッパ諸国の植民地主義に対抗する思想が含まれていた。それは、ギリシア人のアイデンティティの側面だけではなく、ギリシアということばがさし示す地理的領域の解釈の問題も提示していた。パパリゴプロスの主張に従えば、歴史的にギリシア文化圏にあった地域は、すべてギリシア領となるべきものだった。ヨーロッパ諸国が触手を伸ばしていた「東方」は、ギリシアにとっては「われわれの東方」であり、十九世紀末から二十世紀初頭の領土拡張政策は、再度ギリシア人としての意識を啓蒙する「伝道」と位置づけられた。パパリゴプロスのギリシア史は、メガリ・イデアを理論面で支えたのである。実際、彼はアテネ大学教授として歴史学を教授するかたわら、文化活動をとおして領土拡張政策を促進する「ギリシア語普及協会」の総裁として、とくにマケドニアへの領土拡張にたいしなみなみならぬ情熱を注いだ。

しかし一方で、ギリシア文化を指標とするメガリ・イデアには、かつて古代ギリシア人がギリシア語以外の話者をバルバロイと呼んで差別したように、非ギリシア的な要素を排除しようとする傾向が潜んでいた。この排他的特徴は、領土拡張政策のなかで露骨にあらわれることになった。オスマン帝国支配以来の宗教的・言語的多様性は無視され、強力なギリシア同化政策が推進されたのである。十九世紀のギリシアが、ヨーロッパをモデルとした近代化の試みのなかから学んだのは、政治制度や合理的経済活動よりも、文化的優位を盾に、「東方」を「解放」し支配する権利があるという、ヨーロッパのオリエンタリズム的視点だったかもしれない。

十九世紀後半以降、ギリシアは国力の乏しさにもかかわらず、「われわれの東方」に向かって、近代ヘレニズムに基づくギリシア・ナショナリズムを発信していくことになる。その過程では、近隣諸民族のナショナリズムとの対決をよぎなくされ、殺し合いが日常化した。十九世紀のギリシア・ナショナリズムを支えたメガリ・イデアは、一九二二年の小アジア戦争におけるギリシアの敗北によって、実質的な影響力を失った。このとき、小アジアの約一一〇万人のギリシア人たちは、難民あるいは住民交換の対象となって、ギリシア本土に流入した。「われわれの東方」の大部分を占め、古代以来続いた小アジアのギリシア世界はここに終焉をむかえたのだった。

第七章

現代のギリシア

1 「未完の共和国」

ヴェニゼロス政権の登場

一九〇八年の青年トルコ人革命によって、オスマン帝国のアブデュル・ハミト独裁体制は転覆された。革命勢力は一八七六年憲法を復活させ、自由と平等に基づく法治主義の原理を唱道し、帝国をゆるがしてきた民族主義の対立にも改善の兆しがみられた。オーストリアは、この事件を口実に、九月二十三日に、ボスニア・ヘルツェゴヴィナの併合を宣言し、ブルガリアも九月二十二日に独立を宣言した。この機に乗じて、クレタ島のギリシア系住民も、九月二十四日に、ギリシアとの統一を宣言した。ギリシア国民は、永年の悲願がかなう絶好の機会が到来したことを喜んだが、ギリシア政府は、外交手腕を発揮することができないまま、イギリス、フランス、ロシアの圧力に屈して、併合を断念してしまった。

この外交政策の失敗に加えて、財政赤字を増税で乗りきろうとする政府に不満をいだく下級将校たちは、一九〇八年末に、ニコラオス・ゾルバス大佐の主導下に「軍連盟」を結成し、青年トルコ人の先例にならって反乱を計画した。七月の決起は失敗したが、アテネ守備隊は、〇九年八月十四〜十五日にグディに結集して、内閣総辞職と政治・司法・経済・軍隊の改革を要求、政府はこれを受け入れた。軍連盟は新内閣に参加しなかったが、たびたび政府と議会に介入し、議会との対立が先鋭化したため、板挟みとなった新政府は窮地に陥った。そして、クレタからエレフセリオス・ヴェニゼロスが呼びよせられ、局面打開を委ねられた。

ヴェニゼロスは、一九〇九年十二月二十八日にアテネに到着し、内閣の更迭、軍連盟の解散、救国議会の召集を柱とする打開案を提示した。各政党の代表と国王はこれを受け入れ、一〇年八月八日に総選挙が実施された。ヴェニゼロス支持派はこの選挙に勝利したが、安定多数をえるため、まもなく、再度の選挙が宣言された。旧来の政党は国会の解散を違法であるとして、同年十一月二十八日の選挙をボイコットしたため、ヴェニゼロスがこの選挙のために組織した新政党、自由党が三六二議席中、三〇七議席を獲得して圧勝し、憲法改正と政治改革を進める基盤が確立した。憲法改正は、一一年五月二十日に完了した。新憲法では、人権保護にかんする規定が強化されたほか、議会の改革、初等教育の義務化、公務員の地位の安定化を実現し、農地改革の基礎となる強制的な土地収容も可能となっ

ヴェニゼロス　20世紀前半のもっとも影響力を有した政治指導者。クレタ島生まれで，グディ・クーデタ後，本国に招かれ，第一次世界大戦でギリシアを勝利に導いた。

た。制度的な地固めに立って、ヴェニゼロスは、行政・司法・社会保障・労働者の権利保護などの改革を推進したが、とりわけ、軍の改革と経済復興に精力を傾けた。親ドイツ派であった皇太子コンスタンディノスや軍幹部の反対を退けて、海軍をイギリス、陸軍をフランスの支援を受けてギリシア軍の近代化に成功し、一一年六月にはフランスから一億一〇〇〇万フランの借款を引き出すことに成功し、財務大臣ランブロス・コロミラスの慎重な経済政策も効を奏して、ギリシアの国内経済は安定した成長に向かい始めたのであった。

バルカン戦争から第一次世界大戦へ

一九一一年九月にイタリア・トルコ戦争が勃発し、オスマン帝国の弱体化が明らかとなると、バルカン諸国は共同で、残存するオスマン領の分割を画策し始めた。すでに、ブルガリアとセルビアは一二年二月二十九日にマケドニアの分割をめぐる秘密協定を締結していたが、ヴェニゼロスは同年九月二十二日にブルガリアと同盟を締結し、戦争準備を整えた。

第一次バルカン戦争は、九月二十五日のモンテネグロのオスマン帝国への宣戦布告で始まり、ギリシアも十月五日に参戦した。皇太子コンスタンディノスを総司令官とするギリシア軍主力部隊は、テッサリアの国境をこえて北上し、十月二十六日には、ブルガリア軍に先駆けて、テッサロニキを占領した。ギリシアは西部でも、ドイラン－ゲヴゲリ－ストリモナス川までの地域を占領した。イピロスに向かったギリシア軍は、プレヴェザ占領後、イオアンニナへの道をおさえるビサニオスの要塞の攻略に手間取っていたが、モナスティル方面に向かった部隊は、フロリナとカストリアを占領し、十一月六日にモナスティルを占領したセルビア軍と接触した。ギリシア海軍も、エーゲ海の制海権を確保し、北東部を席巻し、リムノス島および、その周辺の諸島、ミティリニ島とヒオス島を解放した。

この時期のマケドニアでは、ギリシア軍、ブルガリア軍、セルビア軍が同時に侵攻し、領土分配を自国の有利に導こうと既成事実作りに励んだため、ギリシアとブルガリア両軍が対峙し合ったテッサロニキをはじめとして、各地で、二重占領と同盟軍同士の対立と緊張が生じていた。

オスマン政府は十一月二十日にチャタルジャでブルガリア、セルビア、モンテネグロと休戦を結んだが、ギリシアだけは休戦を拒否し、イオアンニナの割譲、アドリア海の支配権確保をめざして戦争を続行した。事態収拾のために十二月三日に始まったロンドン講和会議にはギリシアも参加したが、オスマン政府は領土割譲に頑強に抵抗したため会議は十二月二十四日に中断され、一月二十一日に戦闘が再開された。ギリシア軍は二月二十一日にイオアンニナを陥落させアルバニア南部にまで侵攻した。この間列強の仲介で戦争当事国同士の和解へ向けた手続きが再開され、一九一三年五月十七日にロンドン和平条約が調印された。

講和条約の締結によってもマケドニアをめぐる各国の対立は収束しなかった。ギリシアは、とくにテッサロニキをめぐってブルガリアと激しく対立し、その帰結としてセルビアに接近した。両国はブルガリアの脅威に共同で対応するため、一九一三年五月十九日に相互防衛条約を締結した。その直後、六月十六日に、ブルガリア軍が、セルビア軍とギリシア軍の陣地に攻撃をしかける事件が発生し、第二次バルカン戦争が勃発した。これにはルーマニア(六月二十七日)とトルコ(六月二十九日)も参戦したため、ブルガリアはまもなく降伏、ルーマニアの仲介で七月二十八日にブカレスト講和条約が調印された。これによって、ギリシアはさらにカヴァラを獲得した。そして、ギリシアとトルコの戦争状態も一三年十一月一日のアテネ条約によって解消された。

バルカン戦争はギリシアの歴史においてひとつの転換点であった。国土の面積は九〇%ほど増加し、

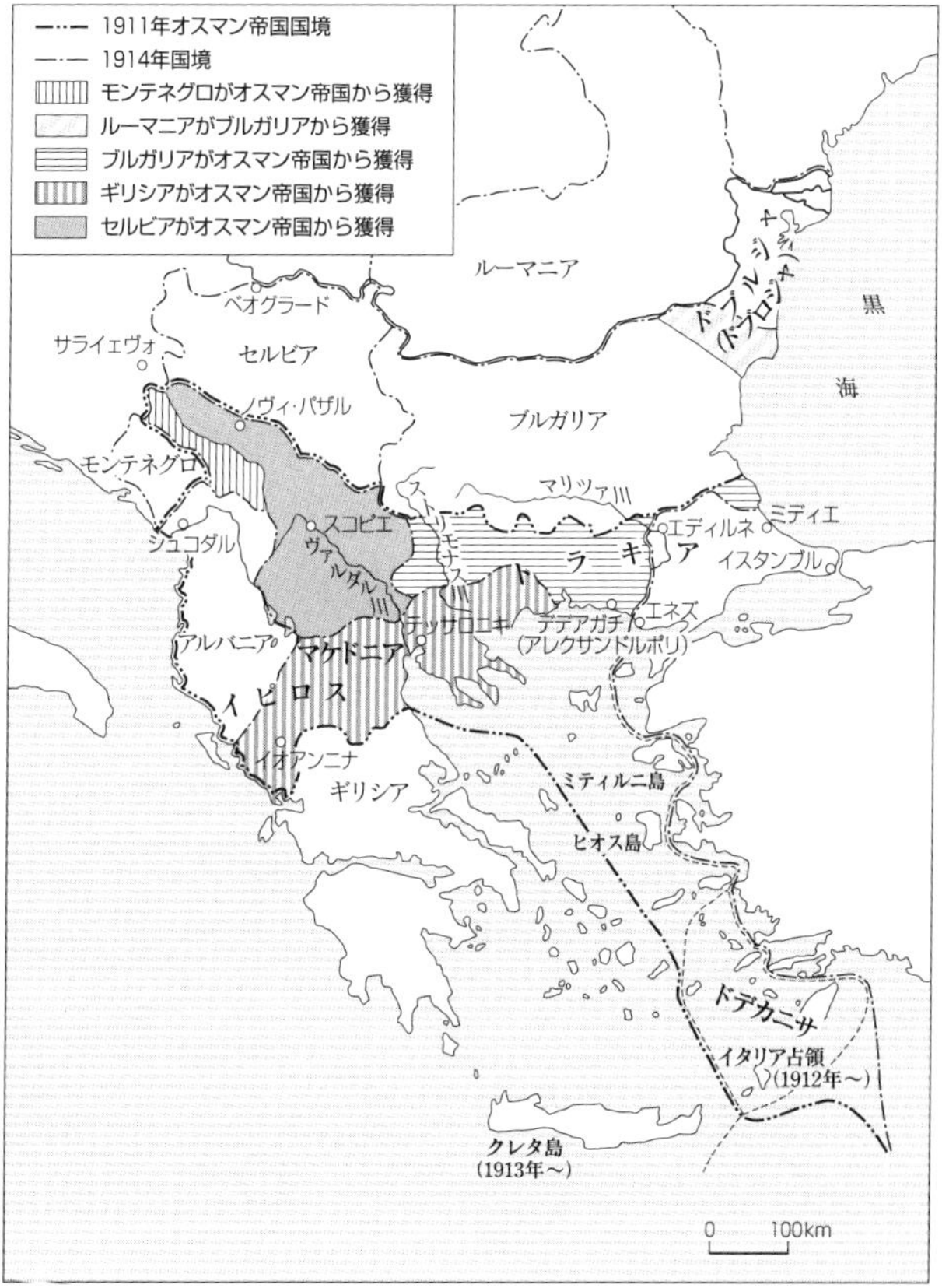
1911年オスマン帝国国境
1914年国境
モンテネグロがオスマン帝国から獲得
ルーマニアがブルガリアから獲得
ブルガリアがオスマン帝国から獲得
ギリシアがオスマン帝国から獲得
セルビアがオスマン帝国から獲得
ルーマニア
ベオグラード
サライェヴォ
セルビア
ドブルジャ
（ドブロジャ）
黒
海
ノヴィ・パザル
ブルガリア
モンテネグロ
マリツァ川
ストリモナス川
スコピエ
エディルネ
ミディエ
シュコダル
ヴァルダル川
ト　ラ　キ　ア
イスタンブル
テッサロニキ
デデアガチ
（アレクサンドルポリ）
エネズ
アルバニア
マケドニア
イ　ピ　ロ　ス
イオアンニナ
ギリシア
ミティルニ島
ヒオス島
ドデカニサ
イタリア占領
（1912年～）
クレタ島
（1913年～）
0　100km
バルカン戦争後の領土変更

人口は八〇%もふえた。ギリシアはバルカンにおいても、また東地中海の海軍力としても無視しがたい存在に浮上したが、同時に、あらたな安全保障上の問題と国内問題を山積させることにもなった。エーゲ海とアルバニア方面では民族的領土は未回収とみなされた一方、マケドニアとトラキアではブルガリアとトルコが領土回復をねらっていた。他方、国土の拡大は多くのマイノリティ人口を抱え込むことになり、さらに戦争による巨大な財政赤字が拡大し、新領土の経済的統合という難題をさらに困難にしていた。

ヴェニゼロスは、国力回復のために長期間の平和を望んでいたが、ギリシアは、一九一四年六月のサライェヴォ事件以後の国際関係の変化に不可避に巻き込まれていった。

当時のドイツとオーストリアはバルカンからペルシア湾にまで広がる勢力圏をつくろうと画策しており、すでにブルガリアとオスマン帝国を取り込みつつあった。両国は、ギリシアもこのシステムに加えようと望んでいたが、ヴェニゼロスは一九一二年の年末から協商国陣営に接近する政策を進めていた。イギリス、フランス、ロシアは、ギリシア国家の誕生以来、その保護国とみなされていたことに加えて、フランス金融市場はギリシアにとって唯一の資金調達源であり、また、当時の世界の海を支配していたイギリスとの良好な関係の維持は、海洋国家ギリシアの経済にとって不可欠の前提であった。しかし、ドイツ皇帝ヴィルヘルムの義弟にあたる国王コンスタンディノス一世(在位一九一三〜一七、二〇〜二二)と参謀本部、および政府内の保守派は、個人的な親近感から中欧両帝国との密接な関係を望んでいた。

こうした状況にあったため、オーストリア＝ハンガリーのセルビア宣戦布告によって、ギリシアの支配階層は困惑した。ギリシアは一九一三年のセルビアとの軍事同盟で、締結国のどちらかが第三国からの攻撃を受けた場合には軍事的に助け合うことを取り決めていた。しかし、この時期には、ブルガリアとオスマン帝国の態度が明確でなかったため、ギリシアの参戦が自動的に両国を敵対陣営に参加させることを危惧した連合国の思惑と、ギリシア内の親ドイツ派の意向が一致して、ギリシアは中立の立場をとることになった。

しかし、一九一四年の秋にオスマン帝国が枢軸国側で参戦すると、イギリスは一五年一月にギリシアの参戦の見返りに、戦後に小アジア(アナトリア)の西海岸を与える提案をおこなった。ヴェニゼロスはこれに強い関心を示し、ダーダネルス作戦へのギリシア軍参加を献策したが、イオアンニス・メタクサスを中心とする親ドイツ派の参謀本部は頑強に反対し、国王も拒否したため、三月にヴェニゼロスは首相を辞任した。ヴェニゼロスは、直後におこなわれた六月十三日の選挙で勝利し、再度政権についたが、参戦をめぐる政府と国王の対立は解決しなかった。十月にはブルガリアが参戦し、連合国のギリシアへの圧力が高まるなか、議会は、セルビア支援のための軍派遣を決議した。しかし、国王は反対の姿勢をくずさず、ヴェニゼロスを解任した。

ヴェニゼロス派は国王の過剰な政治介入を違憲と主張し、十二月の選挙をボイコットした。この間、テッサロニキでは国民防衛《エスニキ・アミナ》が協商国寄りの政府樹立を画策するなど、政治は混迷を深めていった。これと並行して、連合国は十月にテッサロニキに上陸し、エーゲ海北部を占領、翌年一月には、瓦解したセルビア軍のために、コルフ島を接収するなど軍事的圧力を加えていた。さらに、一九一六年七月には、ブルガリア軍がギリシア領マケドニアに侵攻し、九月にカヴァラに入城した。

この危機の最中、ヴェニゼロスは、協商国の支援を受けて、一九一六年十月に、テッサロニキに臨時政府を樹立した。これによって、北部の新領土を基盤とするヴェニゼロス派と南部の旧領土に残る王党派政府が国家を二分して争うことになった。十一月には、ヴェニゼロスの意を受けた協商国軍がピレアスに上陸、国王側の守備隊の反撃で、戦闘がアテネ市中心部にまで広がる事件が発生した。ついで、協商国はギリシアを経済封鎖したが、国王側は報復として王党派支配地域でのヴェニゼロス派の迫害をおこなった。しかし、国王側の抵抗も一七年六月に終わり、コンスタンディノスは亡命し、ヴェニゼロスがアテネに復帰、前回選挙を無効として、一五年六月の選挙で選ばれた議会を再召集して政権基盤を固めるとともに、行政・司法・軍の要職からの国王支持者の追放をおこなった。この一連の出来事によって、国王支持派とヴェニゼロス支持派の対立は和解不可能なまでに硬直化していった。

この間、一九一七年四月のアメリカの参戦によって戦況は協商国有利に転換し始めていた。そこで、ギリシア議会は枢軸国との関係断絶と宣戦布告を採択し、一八年九月にはテッサロニキ駐留部隊が北部に進撃を開始した。これによって、バルカンの戦況は一変し、九月末にブルガリアが、十一月にはドイツが降伏して第一次世界大戦は終結した。テッサロニキ戦線に部隊を送ったギリシアは、戦勝国の一員として、パリ講和会議に参加することになった。

小アジア戦争と共和制移行

パリ講和会議に出席したヴェニゼロスは、ギリシアの領土的権利として、小アジア西部、東トラキア、北イピロスを要求した。とりわけ、小アジア問題では連合国の思惑が錯綜していたが、交渉を有利に進めようとするイタリア軍が独断でアンタルヤに上陸すると、ギリシアもこれに対抗して、一九一九年五月にイズミル(スミルナ)を占領し、小アジア内部に侵攻を開始した。ギリシアは、翌年八月のセーヴル条約で正式にイズミルを含む小アジア西部の占領と五年後の住民投票による帰属決定の条件を勝ちとったが、このとき、すでにギリシア軍は条約に定められた境界を大きくこえて小アジア中心部にまで進撃していた。

ヴェニゼロスは、二つの戦争をともに勝利に導き、膨大な領土拡大を実現したが、一九二〇年十一月の選挙では、予想に反して自由党は惨敗し、王党派が勝利した。これは国民のあいだに蔓延《まんえん》していた厭戦《えんせん》気分を反映していたが、復位した国王コンスタンディノスは、ヴェニゼロス派の粛清をおこなった反面、小アジア侵略政策は継続した。

小アジアでは、連合国による占領に加えて、黒海沿岸のギリシア人によるポンドス共和国樹立計画、クルディスタン振興会によるクルド国家樹立運動、東部での大アルメニア国家構想などの非トルコ系マイノリティの分離主義の動きが広がっていた。これに危機感を覚えたトルコ系住民は各地で自発的な抵抗運動に乗り出した。ムスタファ・ケマルは、この動きを東部を中心に組織化し、抵抗に消極的なオスマン政府を否定して、アンカラにトルコ大国民議会を結成、革命政権を樹立した。連合国はケマル派の台頭によって、小アジアから手を引くことを考え始めていたが、ギリシア本土での王党派の権力復帰を格好の機会として、一九二〇年四月に小アジアから撤退した。国際的に孤立しながらもギリシア軍は、侵略の手を弱めず、ブルサを含む小アジア西部の主要都市とエディルネを占領していたが、アンカラ政府は小アジア西部にイスメトを派遣して戦線立直しに成功し、二一年一月のイノニュの戦いに勝利し、ついで八月のサカリヤ川の戦いで決定的な勝利をおさめて、ギリシア軍にたいして攻勢に転じた。そして、トルコ軍は翌年九月にイズミルを奪回、ギリシア軍を小アジアから駆逐した。

小アジアの敗戦によって、ギリシア国内ではヴェニゼロス派が勢力を盛り返した。一九二二年九月にヴェニゼロス派のニコラオス・プラスティラスがクーデタをおこない、国王を退位させるとともに、小アジア戦争の責任を口実に、王党派の政治家・軍人六名を処刑した。この事件は、第一次世界大戦参戦問題以来悪化の一途をたどっていた国内の対立を決定的に先鋭化させた。ヴェニゼロス派は、二四年四月に王制問題の最終決着をねらって国民投票をおこない、七割の支持を集めて、王制廃止、共和制移行を決定した。こうして、前世紀に保護国によって押しつけられた王制という軛《くびき》が廃され、共和制の伝統が復権したが、王制支持派はその後もヴェニゼロス派と鋭く対立し、国内政治の混乱は戦間期を通じて継続することになる。

さて、戦後のギリシア・トルコ関係は一九二三年七月に締結されたローザンヌ条約で確定された。この条約によってトルコは東トラキアを奪還し、ギリシアはインブロス(イムロズ)とテネドス(ボズジャアダ)、およびイタリア領のドデカニサを除くすべてのエーゲ海の島を獲得、イギリスはキプロスにたいする主権を認められた。さらに、この年の一月にトルコ・ギリシア間では住民交換協定が締結され、その結果、トルコ領内の約一一〇万人の「ギリシア人」とギリシア領内の約三八万人の「ムスリム」が強制的に移住させられたが、イスタンブルとその周辺のギリシア人、および西トラキアのムスリムは例外とされた。住民交換の問題点のひとつは、どの民族であるかの基準が宗教だけであったため、小アジア東部のトルコ系の正教徒(いわゆる、カラマン人)は「ギリシア人」とされた一方、バルカン南部のスラヴ系やギリシア系のムスリムはトルコ系ムスリムと同様に扱われたことである。この時期にはさらに、ロシア革命の難を逃れてカフカースやウクライナからも大量の移民がギリシア国内に流入した。流入民の急増は、北部の新領土におけるギリシア人の民族占有率を高めることには貢献したが、経済的には重い負担として長らくギリシア経済を圧迫することになった。また、このときの流入民の多くが、共和国ギリシア語とは異なるギリシア語の方言(その代表的なものは黒海沿岸で使われていたポンドス方言）の話者であり、彼らがギリシア社会に適応するには十数年もの時を要したともいわれている。

戦間期のギリシア政治

戦後の東地中海世界では、一九三〇年代後半にファシズムの脅威が現実のものとなるまで、各国の協調と平和共存への動きが具体化した。その象徴が三〇年代前半のバルカン協調の動きであり、これは、トルコのケマル政権、ギリシアのヴェニゼロス政権という二つの強力なリーダーシップの存在によって、両国の和解が促進されたことに支えられていた。両国は二四年のコンスタンディノス・アラボグルの世界総主教就任問題で緊張したあと、接近に転じ、両国首脳の相互訪問をへて、三三年に友好条約が締結された。これと並行してバルカン各国でも緊張緩和と提携を模索するため、三〇年（アテネ）、三一年（イスタンブル）、三二年（ブカレスト）、三三年（テッサロニキ）とあいついでバルカン会議が開催された。また、各国では共生の理論的基礎を探求するバルカン学が提唱され、バルカン研究所が設立された。こうした動きの成果として三四年二月九日にトルコ、ギリシア、ルーマニア、ユーゴスラヴィアのあいだでバルカン協商が締結されたのである。

しかし、戦間期のバルカン各国は国内的に深刻な問題をかかえていた。各国では戦後に比較的民主的な憲法が採択され、一時的に議会政治がおこなわれたが、しだいに独裁制へ移行していった。ブルガリアでは保守派のクーデタが一九二三年に勃発し、三五年には国王ボリス三世が独裁体制を確立した。ユーゴスラヴィアでも二八年に国王アレクサンダルによってヴィウドフ・ダン憲法が停止され、独裁体制が導入された。

ギリシアでも議会制の動揺から軍事独裁政権への動きがみられた。プラスティラスの革命政権は、一九二三年に選挙を実施し、ヴェニゼロス派が圧勝したことを受けて、翌年一月に議会に権力委譲をおこない、ヴェニゼロス復帰の環境を整えた。しかし、ヴェニゼロスの帰国によっても、国内の動揺は収拾できなかった。ヴェニゼロス派自体が三派に分裂していたことに加えて、王党派との和解が進まなかったからである。

ヴェニゼロスは政治勢力間の調整に失敗して再度亡命し、その後の政権もリーダーシップを確立できなかったため、一九二五年六月にパンガロスを指導者とするクーデタがおこなわれ、軍事独裁政権が樹立された。パンガロスは二六年四月に大統領に就任し、強権による王党派との和解をめざしたがうまくいかず、外交政策の失敗も加わって、二六年八月に追放された。この年の選挙では、二八六議席中、ヴェニゼロス派が一四三議席、反ヴェニゼロス派が一二七議席を獲得する結果となり、両派による超党派内閣が結成されて、体制問題を棚上げにしたまま、憲法制定と王党派軍人の名誉回復などの和解のための調整がおこなわれた。こうして、政治状況に一定の安定がもたらされたため、二七年四月にはヴェニゼロスが帰国し、翌年、総選挙が実施された。この選挙は多数派に有利な制度のもとでおこなわれたため、ヴェニゼロス派は四六%の得票にもかかわらず、議席の九割を獲得し、王党派は四二%を得票したが一割の議席が与えられたにすぎなかった。議会での安定多数を獲得したヴェニゼロスは、トルコとの関係改善など国際環境の安定を模索し、難民問題の解決のための社会改良政策を進めることができた。しかし、比例代表制を採用した三二年九月の総選挙ではヴェニゼロス派は五三%の得票をえたが、過半数をわずかに上回る議席しか確保できなかったため、ふたたび政治の動揺が懸念されることになり、翌年三月に改めて、傾斜配分方式での総選挙がおこなわれた。しかし、自陣営に有利とみられた選挙制度のもとで、予想に反してヴェニゼロス派は敗北し、反ヴェニゼロス派が議会の過半数を占めることになった。

反ヴェニゼロス派は、選挙直後の五月にプラスティラスのクーデタ計画を口実にヴェニゼロスを亡命に追い込み、新首相となったツァルダリスは王制復活と軍内部のヴェニゼロス派の粛清を進めた。ヴェニゼロス派はこれに対抗して一九三五年三月にクーデタを計画したが失敗し、六月の選挙でも反ヴェニゼロス派が圧勝し、ツァルダリス失脚後に首相となった王党派のコンディリス政府は共和制の廃止と王制復古をおこなった。

国王ゲオルギオス二世は、復位後、ヴェニゼロス派の棄権のもとで強行された一九三五年六月の選挙のやり直しを求め、三六年一月に総選挙がおこなわれたが、その結果は、反ヴェニゼロス派が四八%、一四三議席を獲得したが、ヴェニゼロス派も四四%、一四一議席を獲得し、どちらも過半数を占めることができなかった。そして、六%の得票ながら一五議席を獲得した共産党系の政治勢力が、キャスティングボードを握る情勢となった。ここにいたって、戦間期ギリシアの議会制は手詰まり状態となった。

メタクサスが設立した民族青年団　メタクサスは独裁体制を支えるために，あらたな社会組織を結成したが，その組織形態や服装は，ドイツやイタリアのものを模倣していた。

この状況にたいして、国王は極右民族主義派少数政党の党首であったイオアンニス・メタクサスを首相に指名し、メタクサスは期待に応えて、議会を無視した強引な政局運営を進めた。政治の混乱が続くなか、ギリシア経済は世界恐慌の影響によって混迷していたが、メタクサスは労働運動に激しい弾圧を加えることで不満をおさえこもうとした。その象徴的な事件としてテッサロニキのタバコ労働者のデモの弾圧によって一二名の死者がでる事態が発生した。共産党は政府の強硬姿勢を批判してゼネストを計画したが、メタクサスは、逆にこれを口実として八月四日に独裁体制を樹立した。

メタクサス独裁体制は、戦間期の東欧で広くみられた警察力を駆使した権威主義体制であり、翼賛組織構築の手法や第三帝国にならった「第三ギリシア文明」のスローガンなどにはナチスの模倣も散見されるが、ファシズム体制とは異なるものであった。メタクサスは自ら「第一の農民」や「第一の労働者」を称し、農民債務のモラトリアムを導入し、ディモティキ（民衆語）の一部公用語化を進めるなど、ポピュリスト型の政治運営をおこなった。国民は、メタクサスの政治手法に共感はしなかったが、長い政党政治の混乱の経験から、治安相マニアダキスの進める警察国家化や既存の政治家への弾圧にもあえて抗議することもなかった。唯一、体制への強い反発といえるものは、一九三八年七月に発生したクレタ島の暴動であったが、メタクサスはヴェニゼロス派の強固な基盤であるこの島を戒厳令下において不満を封じ込めた。

メタクサスはドイツと経済的に接近し、ファシスト諸国との友好関係を促進しつつ同時に、伝統的な親英政策も継続し、緊張の一途をたどるヨーロッパ国際政治の枠外での中立を維持しようとつとめたが、ファシズムの脅威はこれを許さなかった。イタリアは一九三九年四月にアルバニアを占領し、ギリシアにたいして枢軸国への参加とイタリア軍の受入れを求めたが、メタクサスは四〇年十月二十八日に最後通牒を拒否したため、イタリア軍はアルバニア国境からギリシアに侵攻を開始した。ギリシア軍は一時的にこれを退けたが、さらなる攻撃に対抗するためイギリスに支援を求め、チャーチルは四一年二月にギリシア派兵の検討を始めた。こうしたなか、ユーゴスラヴィアで、三国同盟に加入を不服とする軍とセルビア市民がクーデタを成功させたため、枢軸国はユーゴスラヴィアを占領し、これに続いてギリシアにも侵攻した。イタリア軍に加えて、ドイツとブルガリアの攻撃を受けたギリシア軍は崩壊し、四月二十七日にはアテネが占領され、五月には最後の抵抗拠点であったクレタ島も陥落し、国王とその政府は国外に亡命した。

2 内戦と軍事独裁政権

抵抗運動、戦後処理、内戦

第二次世界大戦中、ギリシアは、ドイツ、イタリア、ブルガリアに分割され、アテネには占領軍に協力するためのツォラコグルを首班とする傀儡《かいらい》政権がつくられ、「八月四日体制」を支えていた王党派の一部がこれを支持した。占領軍はギリシアを含むバルカンを、対ソ戦の補給基地と位置づけ、占領費用を傀儡政権に求めたことから異常なインフレ状態となり、同時に過酷な物資調達をおこなったため、食糧自給率の低いギリシアは飢餓状態に陥った。とりわけ、一九四一〜四二年冬には大飢饉が発生し、多数の餓死者がでた。また、四三年にはユダヤ教徒の強制移住がおこなわれ、これによって十六世紀以来の繁栄を誇ったテッサロニキのセファルディーム・コミュニティがほぼ完全に抹殺された。

ギリシア国民は苛烈なファシストの占領にたいして、各地で自発的な抵抗運動を組織した。このなかには共和右派の国民民主連盟（EDES）や国民社会解放運動（EKKA）のような戦前の旧体制とつながる組織も存在したが、多くの人々は共産党の指導する抵抗組織に加わった。抵抗運動に立ち上がった人々は、地域ごとの小規模な組織を結成していたが、これらの組織はしだいに統一され、共産党の主導する「民族解放戦線（EAM）」に合流した。EAMの結成にあたって、共産党は人民戦線戦術を採用したため、旧ヴェニゼロス派左派や社会主義者を加えて勢力を拡大し、最盛期には当時の国民の二割強にあたる、少なくとも一五〇万人がEAMに参加したとされており、ギリシア最初の大衆的な政治運動組織となった。

EAMはユーゴスラヴィアのパルチザンと密接な関係を結び、これにならって武装組織としての「民族人民解放軍（ELAS）」を一九四二年二月に創設し、占領軍の後方攪乱《かくらん》や補給路の寸断などの武装抵抗をおこない、戦争末期には山岳部を中心に解放区を樹立し、その行政組織として「国民解放政治委員会（PEEK）」を発足させた（四四年三月）。

ギリシアの庇護者を自任するイギリスは、一九四三年夏にシチリア上陸作戦を援護するために最大の抵抗組織であるEAMを一時的に利用したにもかかわらず、カイロにいた亡命政権が主導権を握る形での戦後体制を構想し、共産党系のEAMの勢力拡大を抑制しようとした。四四年五月に亡命政権とEAMのあいだで締結されたレバノン協定では亡命政権首相ゲオルギオス・パパンドレウのもとでの統一政権結成が同意されたが、ＥＡＭには閣僚ポストの四分の一が与えられただけであったし、九月のカゼルタ協定ではＥＬＡＳのゲリラ軍もイギリス軍司令官ロナルド・スコビーの指揮下に組み込まれることが求められた。

ＥＡＭは、イギリスが戦後のギリシアで王制時代の旧体制を復活させようと考えており、そのためにＥＤＥＳを足場に利用しようとしているのをみて、政権奪取のための既成事実作りを始めた。一九四三年十月一日にギリシア共産党はＥＤＥＳ内の民主的勢力に共同行動を呼びかけ、この呼びかけへの反応が鈍かったことを口実として、ＥＤＥＳに銃口を向けた。この戦いは、イギリスが仲介に乗り出したことと、ドイツ軍が攻勢をしかけたため、四カ月程で切り上げられたが、のちの内戦の前哨戦ともいうべきものであった。

ELASの兵士　戦時中の抵抗運動には，女性も積極的に参加していた。

一九四四年九月にＥＬＡＳは全土で一斉蜂起をおこなってドイツ軍を窮地に追い込んだのに続いて、十月にはイギリス軍が上陸し、十一月四日に枢軸軍はギリシアから撤退し、パパンドレウが帰国した。これ以後、イギリスは、旧王党派主導による国内軍事勢力の統一を進め、ＥＡＭの解体に着手した。これに抗議するＥＡＭ支持者たちは、十二月三日にアテネで抗議集会を開催した。しかし、市民デモ隊がシンタグマ広場にさしかかったところで政府側の警官隊が発砲し、流血の惨事となった。翌日には、事件に抗議してゼネストが呼びかけられ、他方、イギリス軍司令官スコビーはアテネ市内からのＥＬＡＳの排除を指示した。続く数日間、アテネ市内では二万人近いＥＬＡＳの兵士たちとイギリス軍の戦闘が激しく展開された。これには、グリヴァス大佐の率いる非正規軍部隊もＥＬＡＳ攻撃に参加した。すでにイギリス政府は、ギリシアにおける共産主義勢力の封じ込めを決定しており、イタリアに駐屯していた部隊をギリシアに派遣したため、物量にまさるイギリス軍はＥＬＡＳを圧倒し、アテネの制圧に成功した。

この十二月事件を契機にギリシアは内戦状態に突入した。イギリス軍は、アテネ市内を確保したものの、内戦初期にはいまだに多くの地方がＥＡＭの勢力下にあったため、傀儡政権の治安大隊などの対敵協力者と規定されていた勢力を組み込んで王党派軍の増強をはかった。彼らは、警察や祖国防衛隊に加わって、左派の支持者への攻撃をエスカレートさせていった。

パパンドレウは、左派を懐柔して、平和的な戦後体制確立を夢見ていたが、十二月事件の発生に失望して首相を辞任した。そこで、イギリスは共和穏健派のダマスキノス大主教を摂政に擁立し、プラスティラスを首相とする共和派主導の内閣を発足させ、ＥＡＭ側との停戦に乗り出した。その結果、一九四五年二月十二日にヴァルキザ協定が締結され、対敵協力者の公職追放、憲兵隊の粛清、ＥＡＭや共産党の合法化、政体決定のための国民投票の実施などとひきかえに、ＥＬＡＳの武装解除が合意された。しかし、ＥＡＭ側が協定に従って武装解除をおこなったにもかかわらず、イギリスはＥＡＭや共産党への弾圧を強化し、対敵協力者を積極的に登用して国軍と警察の強化をおこなったにとどまらず、王党派の非合法武装組織の育成とこれを通じた左派勢力への攻撃を進めたことから、ヴァルキザ協定は空洞化した。

王党派の白色テロはＥＡＭや共産党支持者ばかりでなく、共和派にまでおよび、ヴァルキザ協定に規定された自由な政治活動をおこなえる環境が現出しないまま、総選挙が一九四六年三月に設定された。そのため、左派ばかりでなく政府の一部にも選挙の延期論が高まったが、イギリスとアメリカはあくまで早期実施に固執し、ＥＡＭ、共産党、共和左派のボイコットするなかで選挙が強行され、王党派が圧勝して、四月十八日に王党派のツァルダリスを首相とする人民党政権が発足した。

ヴァルキザ協定締結後、ＥＡＭとＥＬＡＳは公式に解散し、ギリシア共産党が左派の指導勢力として表面に登場していた。左派は十二月事件で手痛い打撃を受けていた。一九四四年秋には四〇万人の支持者をかかえていたが、十二月事件後、支持者の数は半減していた。左派の支持は、共産主義運動への共鳴というよりはファシスト占領勢力への反発に支えられていたため、ドイツではなくイギリス相手の戦いが始まると、支持者の多くが脱落していったからである。そのため、共産党指導部は、右派との妥協の道を探っていた。これは共産党の最大の後ろ楯であるソ連のスターリンがパーセンテージ協定(バルカン勢力分割協定)遵守《じゅんしゅ》に固執していたからでもあった。四五年五月に共産党の実力者ニコス・ザハリアディスがダッハウの収容所から帰還すると、ヴァルキザ協定を受け入れたうえでの右派との妥協は、共産党の公式路線として確認された。しかし、この受動的な姿勢に批判的なＥＡＭ内の急進派やマケドニアでのスラヴ系少数民族は、党の指導を拒否して、北部の山岳地域に結集し、王党派政権への武装抵抗を始めていた。

一方で、右派は攻勢を強めていた。ツァルダリスは政権に就くと、メタクサス時代の旧制度を復活させ、警官へ略式逮捕や令状なしの家宅捜索権を与え、左派の活動家を略式裁判で処罰する権限を地方の治安委員会に委ねるなどの措置を講じていった。ツァルダリスはこうした強引な手法を使って左派を弾圧し、一九四六年九月に国王復帰をめぐる国民投票を強行した。国民投票で国王復帰が決定すると、左派勢力への全面攻勢に転じるため、今度は国軍の大増強を進め、四七年には共産党を非合法化した。そして、七月には左派のゲリラにたいする掃討戦を本格的に開始したのである。

共産党は、政権からの圧力のなかで、しだいに武力闘争路線に傾き始め、一九四六年二月に、山岳地域で活動する左派ゲリラへの支援を開始した。そして、ツァルダリス政権の強硬姿勢に対応してマケドニア、テッサリア、イピロスでの反政府活動を全面化させ、十月二十八日には、ＥＬＡＳの高名な司令官であったマルコス・ヴァフィアディスがギリシア全土の左派武装組織の統一指令部を組織し、十二月には「ギリシア民主軍」の設立を宣言したのである。さらに翌年には北部の山岳部に自由ギリシア臨時政府を創設した。

こうしたなか、イギリスでは保守党にかわって労働党が政権に就き、対ギリシア政策にも変化が生じた。労働党政権は、パリ講和条約の締結によりギリシア駐留軍が存在根拠を失ったことを口実に、アメリカにギリシア政策の肩がわりを求め始めたからである。これに応じて、今度はアメリカがギリシア内戦に介入することになった。大統領トルーマンは、三月十二日に「全体主義」による侵略の脅威から「自由な諸国民を支持する」という曖昧な口実で、ギリシアとトルコにたいする軍事経済援助と軍事要員派遣を議会に要請し、ギリシアにたいする直接介入を始めた。一九四九年一月には、政府軍の総司令官としてアレクサンドロス・パパゴスが就任し、政府軍の陣容が立て直された。パパゴスは対イタリア戦争の英雄にして、ファシスト占領者と戦った抵抗運動の指導者であり、戦時中は捕虜収容所に抑留されていたこともある人物で、短期間のうちに軍の指揮系統を改善し、政府軍の戦力を大幅に向上させることに成功した。アメリカ政府はさらに、ツァルダリス政権の極右政治が、かえって共産党支持を生んでいる状況にも改善を求め、ツァルダリスを解任して、自由主義者のテミストクリス・ソフリス内閣を発足させた。ソフリスは、柔軟路線を採用し、恩赦を約束するなどして、四〇〇〇人近いゲリラの武装解除に成功した。

一方、左派勢力は、ほぼ唯一の支援国であったユーゴスラヴィアがコミンフォルムから追放されたことから苦境に陥っていった。左派は、さらにもうひとつの、厄介な問題をかかえていた。ギリシア民主軍の支配する地域はユーゴスラヴィアやアルバニアと国境を接する地域であり、支持者の多くはアルバニア語話者やスラヴ語話者などのエスニックなマイノリティから構成されていた。政府側は、こうしたことをとらえて、左派がギリシア領マケドニアのユーゴスラヴィアへの割譲を画策しているという敵性宣伝をおこなったが、他方で、左派がこの宣伝を否定すると、マイノリティの支持者の離反を招くことにつながった。そして、一九四九年八月にはほぼ完全に左派勢力は政府軍に一掃され、残存部隊も北部の国境からアルバニアやブルガリアをへて東側諸国に亡命していった。

内戦は、戦後ギリシアの復興に重い負の遺産を残すこととなった。ギリシアは一九四〇年から四四年のあいだに全人口の八%にあたる五五万人の犠牲者をだしたが、四六年から四九年の内戦でも、一五万八〇〇〇人程が犠牲になった。内戦は、さらに第一次世界大戦中に生まれた自由主義者と王党派の分裂の傷が癒《い》えきらないうちに、ファシスト協力者も含めた保守体制をアメリカが支持したことから、国内の左右両派の対立をさらに根深いものに変えた。

内戦後のギリシア政治

内戦終了から一九六七年の軍事独裁までの期間、ギリシアの国内政治は政党政治のほかに三つの主要なファクターによって動いていた。それは、アメリカ政府、軍隊、および王室であり、これらは相互に結びつきながら政党政治に介入しつづけた。

内戦後のギリシアは、トルコとならんで、アメリカのバルカン・東地中海政策の要に位置づけられた。ギリシアにおけるアメリカの位置は、同時期のブルガリアやルーマニアでソ連が占めていた位置に対応するものであった。内戦中、アメリカ政府は、ギリシア政治に直接介入し、首班指名を含む政府人事や軍の編成を左右したが、その後も、一九五〇年代のなかばまで、公然と官僚や軍幹部の人事に介入しつづけた。その後、アメリカ政府は、あからさまに目に見えるかたちでの内政干渉はひかえるようになったが、軍事独裁政権の崩壊にいたるまで、ギリシア政治を支配する重要なファクターであった。

ギリシア軍は一九五〇年の朝鮮戦争に国連軍の一員として参加し、五一年九月にはNATO(北大西洋条約機構)に正式加盟し、五三年にはアメリカ軍基地が常設された。内戦によって体制基盤は強く軍に依存したものとなっていたが、軍自身も、自らが体制の擁護者であることを自覚していた。軍は反共産主義の強力な宣伝装置であり、ギリシアにおけるアメリカ政府の最大の足場であった。戦後のギリシア軍の中核部分を構成したのは、四四年四月にEAMに同調する反乱をイギリス軍が鎮圧したあとに、左派を排除して再建された亡命政府軍であり、特定の政治勢力にではなく、むしろ、王家そのものに忠誠を誓っていた。王党派将校が結成した秘密組織IDEAは、軍内部で大きな力をもち、ポスト配分や昇進に公然たる影響力を行使していた。軍の支持を背景に、国王の権力は肥大化し、表面上は立憲制に基づく議会制民主主義であったが、王権はしばしば憲法の枠をこえて政治に直接介入した。

一九五三年には、共産主義者の活動を監視するという口実でギリシア諜報機関(KYP)が設立された。KYPは首相直属の諜報機関で、アメリカのCIAの全面的なバックアップで創設された。その情報提供者網は、政府内の各省庁、民間の反共産主義団体に張りめぐらされており、軍や警察とも太いパイプをもっていた。さらに、地方では警察と非合法の右翼パラミリタリー(準軍事)組織に連なる者たちが実権を握っていた。

とはいえ、内戦終結後の一九五〇年二月には、戒厳令が撤廃され、ついで、総選挙がおこなわれた。ツァルダリスの人民党は六二議席を獲得して第一党となったが、政権は合計一三六議席を獲得した中道諸派の連合勢力に委ねられた。しかし、議会での安定多数をもたない中道連立政権は不安定で、プラスティラスとソフリスがあいついで首相に就任したが、翌年九月に再度総選挙が実施された。この際、内戦鎮圧を指導した軍の大立者アレクサンドロス・パパゴスが国民結集党を結成し、右派勢力を糾合して一一四議席を獲得して第一党におどりでたため、政局の流動化は逆に著しくなった。右派の安定政権を望むアメリカ大使館の直接干渉によって、選挙制度の改変がおこなわれ、五二年十一月十六日に改めて総選挙が実施され、国民結集党は四九・二%の得票で議席の八二・二%を獲得し、パパゴス政権が発足した。

パパゴス政権は、内戦以来の右派による抑圧的な支配を継承したが、安定政権が築かれたことで、戦後の経済的な混乱に終止符を打つことには成功した。通貨切下げがおこなわれて、インフレは鎮静化し、徐々にではあるが投資が増加し、一九六〇年代の経済発展の基礎が築かれた。外交面では親米路線が堅持され、アメリカの東地中海戦略の一翼を担うギリシアの位置づけが一層明確となった。

パパゴスが一九五五年に死去すると、国王パヴロスはその後任に、コンスタンディノス・カラマンリスを指名した。カラマンリスは国民結集党を改組して国民急進連合を結成し、五六年の選挙に臨んだ。この選挙は女性の選挙権が認められた初の選挙であったが、与党有利に仕組まれ、中道と左派は民主連合を結成して与党を上回る四八％の得票をえたにもかかわらず、国民急進連合が過半数の議席を獲得した。カラマンリス政権は、親米路線を継承するとともに、経済発展に成功し、彼が断続的に首相を務めた五五年から六三年までのあいだに国民所得は倍増した。五〇年代から六〇年代にかけて、ギリシアでは観光業がめざましい発展をとげるとともに、工業セクターも成長し、都市と農村の人口比は逆転し、あらたな経済的中間層が形成された。

カラマンリス政権は、内戦後の経済復興に成功し、経済的には安定をもたらしたが、外交面ではNATOの枠内でのギリシアの利害確保という現実主義を堅持していた。そのため、左派勢力がキプロス問題をめぐる民族主義的な不満を吸収し、一九五八年の選挙では、共産党系の左翼民主連合が二四％の得票を集めて、第二党に躍進した。この結果には、右派ばかりでなく、従来の第二勢力であった中道諸派も衝撃を受けた。中道勢力は六一年に大同団結を実現し、ゲオルギオス・パパンドレウをリーダーにいただく中道連合を結成した。

一九六一年十月におこなわれた国政選挙は「暴力と欺瞞《ぎまん》の選挙」として悪名高いものとなった。前回選挙での左翼連合の躍進を共産主義勢力の復活につながると恐れた右派勢力が、警察、軍、KYP、民間の反共産主義組織を動員して、野党への選挙妨害を大々的に展開したからである。中道連合はそうした選挙妨害にもかかわらず三三％の得票を集めて第二党の座を確保し、政権交代が可能な政治勢力として認知された。

右派による選挙介入を受けて、パパンドレウは民主的な再選挙をめざした「弛《ゆる》まぬ闘争」を宣言した。この呼びかけに応えて、民主主義者と左派の支持者たちは、民主的正常化を掲げて街頭でのデモンストレーションを繰り広げた。これと並行して、ギリシア国内では活発な反戦平和運動が展開されており、この運動では、左翼民主連合の国会議員ランブラキスが主導的な役割を演じていたが、彼は、一九六三年三月に、政府寄りの極右組織カルフィッァの手の者により、テッサロニキで暗殺された。この事件は、政情悪化を加速させることになった。

全国的な民主化要求の波に押されて、一九六三年十一月の選挙では、中道連合が勝利をおさめた。中道連合は議会の過半数を確保することはできなかったが、左翼民主連合の支持をえて、パパンドレウが組閣に成功した。翌年二月には、あらたな選挙が実施され、今回は右派が権力を利用した選挙介入ができなかったため、パパンドレウは絶対多数の得票をえて、中道単独の政権を樹立した。これに先立って、右派の大立者、カラマンリスは、国王夫妻や国王の取巻きたちと衝突し、六三年十二月にはパリに亡命していた。

軍事独裁政権

戦後のギリシア政治は、軍と王家の同盟関係に基礎をおいていたが、一九五〇年代から六〇年代の経済発展により中間層が台頭し、古い支配階層に挑戦するほどの力をもちつつあった。さらに、内戦の記憶がうすれるにつれて、共産主義の脅威を掲げる右派の宣伝も説得力を失っていった。旧体制にたいする中下層の大衆の政治的不満は六〇年代前半の中道勢力の躍進にあらわれたため、従来の支配層は危機感をつのらせていったが、ゲオルギオス・パパンドレウ政権が国民的和解を提唱して内戦期の政治犯の釈放に着手したことは、彼らの苛立ちを一層増すことになった。パパンドレウは、さらに、外交政策も部分的に転換し、東側との関係改善を進めたため、保守勢力の後ろ楯であったアメリカも警戒感をあらわにした。

こうした状況のなか、軍部に基盤をもつ右派勢力は、アスピダ事件を利用して、中道政権に揺さぶりをかけた。アスピダ事件とは、ＣＩＡのエージェントによって捏造《ねつぞう》された陰謀で、ナセル型の体制樹立を企《たくら》むアスピダという秘密組織が軍内部に存在し、その指導者が、首相の息子、アンドレアス・パパンドレウであるというでっちあげに基づく中傷であった。さらに、軍部と結びついた国王コンスタンディノス二世（在位一九六四〜七三）は、あらたに国王権限問題を口実にして政治に介入し、一九六五年七月にパパンドレウ首相を辞任に追い込んだ。この事件が軍による不当な政治介入であると抗議する民衆は各地で大規模なデモを組織し、民主的正常化を求める「七〇日間運動」が展開された。

この政治危機の最中に、国王は中道連合の議員を買収して、国王に忠実なステファノス・ステファノプロスを首班とする右派政権を成立させたが、政情不安はおさまらなかった。そこで、一九六六年十二月には国民急進連合党首パナギオティス・カネロプロスと中道連合党首パパンドレウのあいだで事態打開のために、六七年五月に総選挙をおこなうという合意が取り交わされ、選挙管理内閣が組織された。

世論の動向によると、次回総選挙での中道派の勝利は確実であった。そのため、軍部は国王にたいしてＮＡＴＯの承認した権力奪取のためのクーデタ計画を実行に移すよう打診したが、国王は決断を躊躇《ちゅうちょ》した。そのため、ゲオルギオス・パパドプロスら三人の大佐を中心とする中堅将校のグループが、軍上層部の意向を代行することになった。大佐たちのグループは、一九六七年四月二十一日にクーデタを敢行し、前検事総長コリアスを首班とする臨時政権が樹立された。あまり積極的ではなかったが、国王がともかくもクーデタを支持したこと、そしてなによりも、アメリカがこの軍事政権を事実上承認したことから、その後七年にわたってギリシアでは軍事独裁が続くことになった。

権力を握ったパパドプロスらは、ギリシア政治構造の転換を標榜していたが、その実態は軍の保守派による内戦以来の体制の堅持にほかならなかった。国内のほとんどの政治勢力は体制に協力しなかったため、独裁政権は、左派にたいする弾圧に加えて、右派の政治家をも逮捕し、既存の政治勢力と袂をわかつとともに、軍内部の反対派をも粛清していった。しかし、こうした措置は、自らの政権基盤を弱体化させただけであった。象徴的であったのは、国王によるクーデタ計画である。当初は政権を支持していた国王は、十二月に軍の一部と結んで対抗クーデタを計画した。この試みは失敗し、国王は亡命することになったが、軍事政権は秘密警察を駆使した反対派への弾圧を一層強化していった。国際世論は、日常的な密告体制、拘禁者にたいする拷問などの軍事政権による人権侵害を激しく非難する包囲網となり、EC(ヨーロッパ共同体)はギリシアとの連合協定を凍結し、借款計画も停止した。欧州内で孤立し、国内にも脆弱《ぜいじゃく》な基盤しかもたない軍事独裁政権が長らく政権の座にとどまることができたのは、ひとえにアメリカが支持したためである。ニクソン政権はイスラエル防衛の要として、ギリシアとそのアメリカ軍基地の重要性を口実に大佐グループへの軍事・経済援助を継続し、一九六八年一月には政権を正式に承認した。アメリカ国防省もギリシアへの武器援助を継続しつづけた。

　軍事独裁政権にたいする抵抗運動も、国内外で組織されたが、当初は強力なものとはならなかった。メタクサス時代には積極的な抵抗運動を展開した共産党は、このときには、国外から非現実的な指示をだすだけであり、国内の組織の一部はこれに反発して「国内共産党」という別組織を結成してしまい、左派は統一した抵抗運動を組織できなかった。そのため、抵抗運動の先頭に立ったのは、学生たちの自発的な運動であった。この運動は一九七三年十一月初頭のアテネ工科大学の占拠事件で頂点に達した。このとき、学生たちに共鳴した数千人のアテネ市民も占拠に加わり、独裁政権への抗議運動を繰り広げた。政権側は十一月十七日に戦車を投入してアテネ工科大学構内に侵攻して抗議行動を弾圧した。これによって、七〇〇〇人近い人々が逮捕され、数百人の負傷者と八〇名近い犠牲者がでたとみられている。

キプロス問題

軍事独裁政権の崩壊の原因を理解するためにも、また、現代ギリシアの歴史総体を考えるうえでも、トルコとの関係は重要な要素であり、とりわけ、両者の関係において中心的な位置を占めるキプロスの存在は、ふれざるをえない主題である。ギリシア・トルコ関係は、一九三〇年代以降二〇年以上にわたって良好であった。四七年二月のパリ条約によってドデカニサ諸島がギリシアに移管された際にもトルコは異議を唱えなかったし、両国はともにトルーマン・ドクトリンに基づくアメリカの資金援助を受け、五一年九月にはそろってNATOに加盟し、五四年八月にもユーゴスラヴィアとともにバルカン条約を締結した。しかし、キプロス問題の登場により、五五年九月をさかいに両国関係は急速に悪化した。

キプロス島では一八七八年六月のイスタンブル協定以来、イギリス支配が始まったが、イギリスは第一次世界大戦でオスマン帝国が同盟国側で参戦したのを口実に、キプロスの併合を宣言し、一九二五年には英領植民地に組み込んだ。イギリスはすでに一八八二年に植民地化を強化する行政組織の改編をおこない、正教徒であるギリシア系キプロス人とムスリムであるトルコ系キプロス人のそれぞれに別個の代表制度を導入するなど、現地社会の分断支配を進めていたが、この結果、ギリシア系はギリシア本国への接近を深め、トルコ系はトルコ共和国と政治的・文化的に同化を強めていた。

戦間期にはギリシア系キプロス人を中心にイギリス植民地支配にたいする独立運動が高揚し、一九三一年の十月事件では植民地政庁が焼打ちされるまでにエスカレートしていた。しかし、イギリスはパレスチナ委任統治の終了により中東総司令部をキプロスに移すなど、この島を中東戦略の要と位置づけたため、ギリシア系キプロス人のギリシア本国との統一要求(エノシス)を退けていた。こうした状況のなかで、ギリシア系キプロス人ムスコス(五〇年十月十八日にキプロス大主教に就任しマカリオス三世を名乗る)は、ギリシアとの統一の賛否を問う住民投票を五〇年一月に実施し、九五・七%が統一に賛成した。この結果を受けてキプロス代表団はギリシア政府に国連への提訴を働きかけたが、当時のギリシア政府はイギリスの意向に配慮して、これを拒否した。しかし、その後のギリシア国内の親キプロス世論の高揚により、パパゴス政府は五四年十月に問題を国連総会に提起し、これがキプロス問題の国際化の契機となった。

キプロス問題が国際化し、ギリシアに有利に展開することを恐れたイギリスは、この問題にトルコを招き入れ、三国間の問題とすることで、ギリシアとの統一運動を牽制しようと試み、一九五五年九月に三国代表によるロンドン会議が開催された。このときまでに、キプロス内部ではグリヴァスを指導者とする民族主義組織「キプロス民族闘争機構(EOKA)」が結成され、イギリス植民地権力との武装闘争を開始していたが、トルコのマスコミはトルコ系キプロス人にたいするEOKAの脅威を宣伝し、トルコ政府もこの世論展開が外交的な足場の強化につながるととらえていた。

政府の操作もあって、反ギリシア世論が高揚していたトルコでは、ロンドン会議開催中の九月六日から七日にかけてイスタンブルとイズミルでギリシア系住民にたいするポグロムが発生し、ギリシア系の住居、商店、教会、墓地、病院が襲撃を受け、被害はイスタンブルだけで六〇〇〇万ドル相当におよんだという。この事件はロンドン会議を決裂させたばかりでなく、相対的に良好であった両国の関係に決定的な亀裂をもたらした。

一九五六年の第二次中東戦争以後の中東における勢力後退により、イギリスは、少なくとも部分的にキプロスを放棄せざるをえなくなったため、これ以後、キプロス問題は主としてギリシアとトルコの二国間の問題に収斂《しゅうれん》していった。キプロス内部でもギリシア系のエノシスにたいして、トルコ系は島の分割(タクシム)を掲げていた。EOKAの活動によって騒然としていたキプロス内部では、トルコ系キプロス人の武装組織が結成され、五八年六月のニコシアでの新聞社爆破事件以降、ギリシア系とトルコ系のキプロス人同士の流血の争いが展開されていった。この手詰まり状況のなか、マカリオス三世は従来の運動方針を転換し、エノシスでもタクシムでもない第三の道、すなわちキプロスの分離独立を選択した。そして、五九年二月のチューリッヒ協定、およびロンドン合意に基づいて、翌年八月十六日にキプロスは独立国となった。

独立後のキプロスでは表面上は平穏が回復された。しかし、憲法に規定されたギリシア系とトルコ系による権力のパリティ原則がキプロス政治の機能不全をもたらしていると考えたマカリオス大統領が、一九六三年十一月にトルコ系のキュチュク副大統領に憲法改正を打診したことから、両コミュニティの対立が再燃した。トルコ系キプロス人は、この提案がエノシスに道を開くものととらえ、国会と政府から代表を引き上げ、北部に拠点を構築し始めた。この事態にたいしてアメリカは、キプロス分割を前提とした調停に乗り出したが、マカリオス政権はこれを拒否して国連による仲裁を求め、キプロス平和維持軍の派遣が決定された。こうして六三〜六四年の危機は、マカリオス政権の外交的勝利に終わったが、マカリオス政権がソ連に接近し、第三世界連帯を掲げたことから、アメリカは、キプロスを「地中海のキューバ」と名づけて、マカリオス体制の打倒を政策課題に組み込んだ。

一九六七年の軍事政権の成立によって、ギリシアにおけるアメリカの影響力が支配的となると、マカリオス大統領はエノシス思想を完全に放棄し、両コミュニティの対話による現状の打開をめざし始めた。アテネ政府は、これを牽制するために、秘密裏にグリヴァスを派遣し、キプロス内のエノシス主義者を糾合してＥＯＫＡを再結成し、マカリオス体制の内部からの切崩しを画策した。

ギリシア・トルコ関係は両国の軍事政権がともにアメリカの支持に依存していたことから、一時的

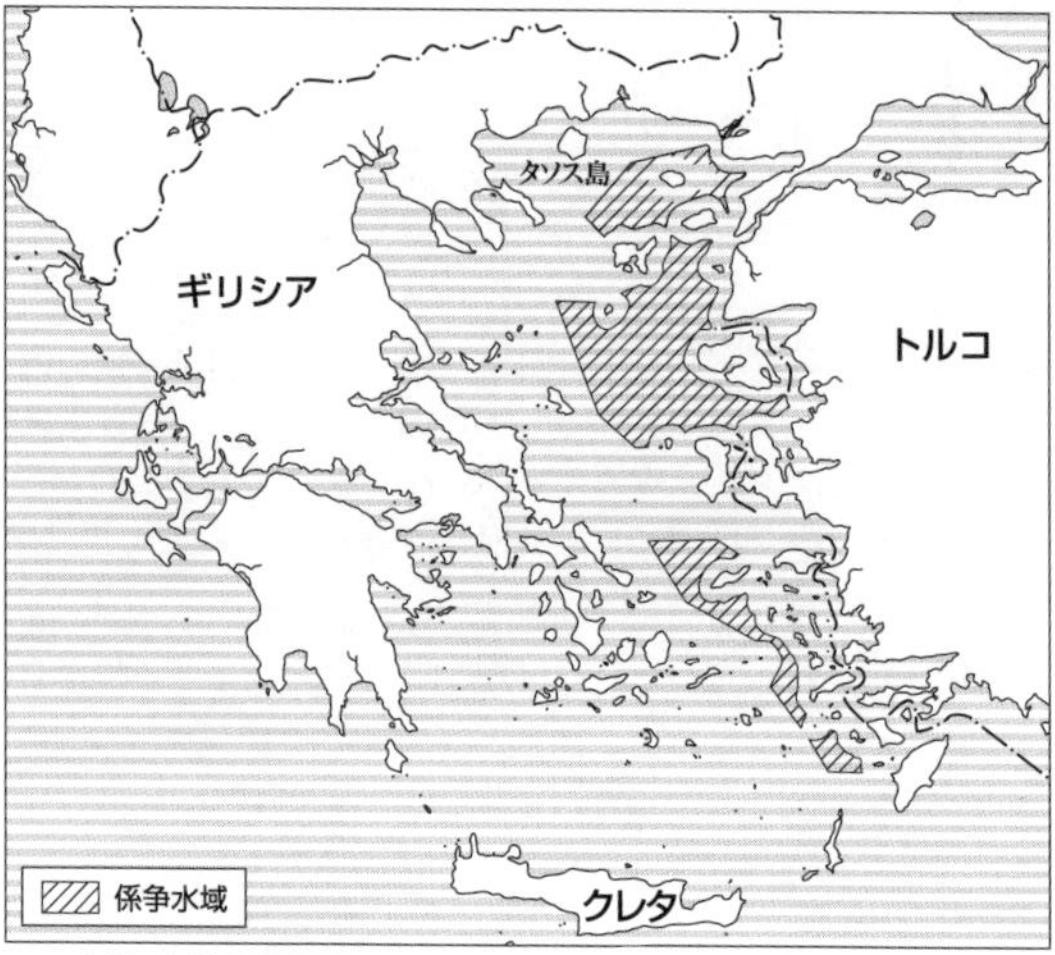

エーゲ海大陸棚問題

に修復されていたが、トルコ側が一九七三年十月に西トラキアのムスリム・マイノリティ問題を取り上げ、ついで十一月にはエーゲ海の大陸棚問題が浮上するとふたたび悪化に転じた。トルコ政府は七三年十一月一日の官報でエーゲ海東部の大陸棚での石油採掘権をトルコ石油公社に付与すると発表したが、その一部はすでにギリシアが設定していた石油探査区鉱区と重複していた。こうしたなか、翌年一月にタソス島沖合で石油と天然ガスの存在が確認されたため、問題は一挙に外交問題化し、両国は非難の応酬を開始した。五月にはトルコ政府が海軍護衛つきの調査船の派遣を強行し、これにたいしてギリシア側も動員令を発動し、軍事衝突の危機に発展した。

この危機はＮＡＴＯ諸国の仲介で収拾されたが、その最中の七月十五日、今度はキプロスで、ギリシア駐留軍が関与したクーデタが発生し、マカリオス大統領が亡命、軍事政権が成立する事件が発生した。キプロスではマカリオス支持派とクーデタ派のあいだで戦闘が繰り広げられる混乱状態となり、マカリオスは国連安保理に出席して、事件の背後にギリシア軍事政権が関与しているとして非難した。イギリスも同様にキプロス事件がギリシア政府の内政干渉であると声明し、ギリシアが国際的に孤立するなかで、トルコのエジェヴィト政権は、七月十九日にキプロスへの保護権を楯にトルコ軍派遣を決定し、翌日トルコ軍はキプロス北部に上陸、島の三七％を占領した。この事件では、二〇万人以上の難民が生まれたという。

その後、キプロスでは一九七五年二月に北部に「キプロス・トルコ連邦」の樹立が宣言され、さらに八三年十一月にはニコシア政府にたいして、独立の「北部キプロス・トルコ共和国」の建国が宣言されるなど、国際的にキプロス政府として承認されている南部のニコシア政権と、トルコ系住民の支持する北部の政体が事実上並立する状態が続いている。ニコシア政府は北部をトルコ軍による不法な占領状態にあるとみなしているが、対話による問題解決の道も模索され、七七年のマカリオス・デンクタシュ会談、ついで七九年のキプリヤヌ・デンクタシュ会談によって、連邦制に基づく問題解決の指針が合意されたが、実現にはいたらなかった。膠着《こうちゃく》状態はその後も続いていたが、二〇〇四年、キプロスはEU（ヨーロッパ連合）加盟を果たし、解決に向けた対話が再開され、問題の最終的な解決が期待されている。

3　現代のギリシア

民政移管から社会党政権へ

キプロス侵攻はギリシアの国内政治にも影響を与えた。軍事独裁政権は、工業化推進政策によって、一九七〇年から七三年に実質経済成長率三%の高度成長を達成したが、七三年の石油ショックにより、七四年には二%のマイナス成長に転落し、政治的な不満を好調な経済パフォーマンスによって吸収する道が断たれ、窮地に追い込まれた。軍事政権は、七三年六月に王制を廃止し、パパドプロスが大統領に就任して、動揺する体制を再建しようとしたが、パパドプロスの権力独占に反発するディミトリオス・イオアニディスが、十一月に第二次クーデタを敢行して、パパドプロスを失脚させた。しかし、七四年七月のキプロス事件、そして、トルコ軍の北部キプロス占領は、軍事政権にとって決定的な失策となった。トルコとの開戦の危機が高まるなか、アメリカ政府がイオアニディスを見放したからである。軍事政権側は右派の政治家と事態打開のための会合を重ね、カラマンリスにすべてを委ねることを決定した。こうして、七月二十四日に亡命中のカラマンリスが国家再建の任を担って復帰した。

軍事独裁政権の崩壊は、戦後ギリシア政治の決定的な転換点であった。戦後体制を特徴づけてきた反共産主義と、これを口実にした抑圧的な国家システムが刷新されることになったからである。独裁政権時に、右派の政治家たちは、自らがつくりあげた体制批判者への監視・抑圧システムによって弾圧を受けた経験から、市民的権利の保障の重要性を認識するようになっていた。そのため、戦後の抑圧的な体制を改革することは、左右両派の一致した目標となり、軍・国王・アメリカという戦後体制を構成した主要ファクターを取り除き、安定した議会制民主主義のシステムの構築が進められた。こうして、軍事独裁をへて、内戦によって生まれた政治の溝がうめられていった。

カラマンリスは帰国後ただちに民政移管手続きを開始し、十一月には一〇年ぶりに選挙が実施された。選挙に際して、カラマンリスは、国民急進党を母体とした新政党「新民主党」を結成し、同党は五四％の得票をえて三〇〇議席中の二二〇議席を獲得し、単独過半数による新政権を発足させた。こうして安定した基盤を確立したカラマンリスは、一九七四年十二月には王制廃止の国民投票を実施し、翌年六月に憲法を改正した。さらに、カラマンリスは民主主義の確立による正常化を唱え、軍事独裁政権の関係者にたいする裁判、共産党の合法化を含む民主化推進によって、内戦以来の国民的和解の達成に成功した。七七年十一月の総選挙でもカラマンリスの新民主党は国民の支持を受けて過半数を確保したが、カラマンリス自身は八〇年五月に大統領に就任して政権を離れ、後継首相にはゲオルギオス・ラリスが指名された。

新民主党政権は、ＥＣ接近による経済再建を進め、一九八一年のＥＣ正式加盟の道を開くとともに、外交的には親米路線を堅持し、キプロス事件を契機に七四年八月以来脱退していたＮＡＴＯにも八〇年十月に復帰した。これと同時に、バルカン・中東諸国との善隣友好関係の構築にも取り組み、とくにトルコとの関係改善に努力した。

カラマンリス政権の民主化政策によって、共産党は工業労働者を中心に強固な支持基盤を固め、国政選挙では常時一〇％近い得票を集める勢力に成長したが、民主化運動を担った新左翼や左派穏健派にまでは、支持層を拡大できなかった。一方、反王制、反軍をスローガンとして中下層の民衆の不満を政治的に吸い上げる従来の中道勢力の政治手法は時代遅れとなっていた。この空白をうめ、急速に勢力を拡大したのが、一九七四年九月三日に結成された「全ギリシア社会主義運動（ＰＡＳＯＫ）」である。ＰＡＳＯＫのリーダー、アンドレアス・パパンドレウは、軍事政権時代に一時逮捕拘禁されたあと、亡命先で、全ギリシア解放運動（ＰＡＫ）を結成し、国内外での軍事独裁反対運動のシンボル的存在となっていたが、民政移管後も中道勢力に合流せず、ＰＡＫ内左派および左翼系少数政治勢力と同盟して、ＰＡＳＯＫを結成した。ＰＡＳＯＫは、ギリシア政治の伝統的な手法と訣別した、草の根の支部組織を備えた大衆政党であり、民族独立、人民主権、社会解放をスローガンに、六〇年代から七〇年代に形成された新中間層の政治的不満を巧みに吸収して、短期間のうちに強力な政治勢力として台頭した。七四年の選挙では一三・六％の得票で一二議席を獲得したにすぎなかったが、七七年には二五・三％の支持を集めて九三議席を獲得して、最大野党に躍進し、八一年の選挙では過半数の議席を制して政権奪取に成功した。

ＰＡＳＯＫは、反米、第三世界連帯を掲げ、党首パパンドレウ自らがトロツキストであると公言し、社会民主主義とは一線を画した左翼急進主義の運動を自認していたが、ＰＡＳＯＫの勝利は、一九八〇年代初頭のヨーロッパ社会主義勢力の躍進の一環であったといえる。ＰＡＳＯＫの表面的な急進主義は、たとえば、その反米、第三世界連帯のスローガンが、内戦と軍事独裁の背後にあるアメリカの東地中海政策への大衆の即時的な反発を吸収する媒体にすぎなかったように、ギリシア社会の特殊な歴史的経験を反映したものであり、政権の座に就くと、他国と同様に穏健な社会主義政策を採用した。新政権は外交面では、ＮＡＴＯ脱退、ＥＣ離脱、アメリカ軍基地の撤廃を掲げ、内政面でも、銀行を含む主要企業の国家管理の強化、賃金の物価スライド制、労働者の経営参加、地方自治の拡大などの急進的社会主義政策をうたっていたが、これらの公約は政権途中で挫折するか、徐々に骨抜きとなった。とはいえ、戦時中の抵抗運動の名誉回復、男女同権の推進、市民婚の導入、女性への労働差別の撤廃、国民健康保険制度の創設、協同組合方式による農業セクターの改革などの政策は、それまできわめて保守的であったギリシア社会にとっては斬新な改革であった。

しかし、公約であったＮＡＴＯ脱退の撤回や八三年以降の現実主義的な経済政策への転換による左派の反発、八五年の大統領選でのカラマンリス切捨てへの不信、高齢化によるパパンドレウの指導力の低下などにより、国民の熱狂的な支持は後退していった。ＰＡＳＯＫは八五年の選挙ではなんとか政権を維持することに成功したが、保守化の傾向は一層顕著となった。そして、八八年に表面化した金融スキャンダル、コスコタス事件によって、汚職と腐敗の構造が明るみにでて、八九年六月の選挙では第一党の座を新民主党に明け渡した。

戦後ギリシア経済

つぎに、内戦以後のギリシア経済の趨勢について概観してみよう。経済史家ユガナトスの指摘によると、一九五〇年以降のギリシアの経済は、五〇年から軍事独裁の始まる六六年までの時期、ついで六七年から七四年までの軍事独裁期、七五年から八一年までのカラマンリス期、八一年から八九年までのPASOK期、そして、ポストPASOK期の五つに分けられるという。この指摘に従って、各時期の特徴をみてみよう。

第一期には、強い経済成長と発展の趨勢が看取されるが、政治的な不安定、とりわけ右派支配体制による抑圧政策のために、成長の可能性は十分には発揮されなかった。こうした政治による経済発展の疎外の最悪のケースは、軍事クーデタによる中道連合政権の崩壊であった。また、全般的にみても、たび重なる政権交替は持続的な経済発展のために必要な政策の形成を阻害していた。これは、具体的な経済指標からも明らかである。第一期を通じて、国民一人当りの消費支出、貯蓄は、それぞれ二倍および六倍に増加したが、それでも、当時のEEC(ヨーロッパ経済共同体)の平均と比較すると半分以下であった。

この時期、貯蓄率、所得配分の質、国民総生産のセクター構成は、いずれも改善された。工業生産は改善されたが、いまだに農業セクターからのインプットに依存した状態であり、ゆえに不安定なものでもあった。工業ベースの改善がみられるようになるのは、一九六〇年代後半であり、ここでは自由主義派の中道連合の経済政策が重要な役割を演じていた。さまざまな経済指標が改善するのも中道連合政権時代のことである。金融改革、通貨安定政策が金融の流動化を促進したし、その結果として、投資の拡大とインフラ整備が進むことになった。だが、農業、サービス業、工業の各セクターの比率は変わらなかった。この時期にはさらに、国際収支の面でも改善がみられた。それは、輸出が増大しただけでなく、観光業収入、移民からの送金、海運手数料などが増加したことによる。

軍事独裁期にも強力な経済成長のトレンドは持続していた。一人当りの消費支出、貯蓄はともに継続的に増加していた。一九七二年までは物価も安定していた。輸出も、工業品が増加し、農産物の割合が減少したという意味では改善されたといえるが、国際収支全体としてみると、この時期には悪化したといえる。その原因は、軍事政権の膨張政策にあった。とりわけ六七年のクーデタ、七四年のキプロス危機に代表される政治的動揺が観光業の成長にとってマイナスとなったからである。政情不安の影響で、民間の投資も停滞し、六七年、七四年にはマイナスも記録した。また、この時期には、建設業に有利な金融政策がとられたため、生産設備への投資は、一般に低調であった。

一九六八年から七二年の経済発展計画には、観光業を促進するための金融政策が盛り込まれていたが、これは、軍事政権が国民の人気取りと外国政府へのアピールを意図して速効性のある経済刺激策を採用したためであり、実際に効果はあったが、従来の政策基調であったインフラ整備を犠牲にしたため、長期的にみるとギリシア経済にネガティヴな影響を与えたといえる。所得分配政策の面でも、この時期には労働組合への弾圧と不動産投機の保護が重なったため不平等が拡大した。この時期には、国民の消費水準と生産性も人為的に低くおさえられていた。その原因は、軍事政権が医療と教育予算を犠牲にして軍事費を拡大したからである。この時期にも、経済発展のポジティヴな指標も看取できるが、それらは前政権時代におこなわれた通貨安定と成長促進のための一連の政策のおかげであった。クーデタ以前の経済政策がかりに継続されていたなら、この時期の経済成長はさらに大きかったであろう。

カラマンリス期は、政治的には民主的な諸条件が改善された時期であり、国民総生産の成長率、工業生産の伸び率、設備投資の増加率のいずれもがＥＥＣ諸国の平均を上回ったが、こうした指標とは裏腹に経済成長は鈍化した。その原因は、世界経済の停滞のあおりを受けたことばかりでなく、外資依存型の伝統的経済構造という国内的条件も関係していた。

一人当りの消費支出、貯蓄の双方は増加したが、以前の時期に比べていずれもゆっくりとしたペースであった。一人当りの国民総生産はＥＥＣ平均の半分以下である。工業生産の構造も、製造業の割合が増大した一方、建設業が縮小したという意味では改善されたといえる。これを反映して、工業産品の輸出拡大もみられた。とはいえ、この時期にも、国内最大の経済セクターはサービス業であった。また、公共部門が増加し、民間投資の減退を相殺する効果をもった。この時期の最重要政策のひとつは、通貨安定のための諸措置であったが、これは成功したといえる。所得の再分配の面でも、賃金の急激な上昇とあらたな累進課税が相乗的に作用した結果、賃労働者に有利な改善がみられた。だが、その副作用として、ひどいインフレも発生した。とはいえ、カラマンリス政権の経済政策を総体としてみると、ギリシア経済の持続的成長にとって有効な諸政策が実施されていたと評価できるだろう。

一九八二年のPASOK政権の登場以後も、ギリシアの国民総生産の成長率は、平均で年〇・七%と低いものであった。この原因は、世界経済の失速、および、八六年から八七年の緊縮財政に求められる。八六年から八七年を除外すれば、PASOK政権時代の経済成長率は年率一・九%に上方修正されるからである。この数字はヨーロッパの平均である一・七%を上回る。とはいえ八二年から八五年の経済成長計画が年率三%の高度成長を掲げていたことを考えると、一連の政策は失敗であったといえる。

一九八六年から八七年の経済安定化プログラム自体も、ネガティヴな側面だけでなく、ポジティヴな効果も与えていた。緊縮財政によって、景気後退が生じたが、国際収支、財政赤字、インフレ率は縮小したからである。この時期には、民間部門による投資も拡大し始めた。

PASOK期にも、所得の再分配における賃労働者に有利な改善は継続的にみられたといえるが、経済安定化プログラム期には若干の後退も看取される。この変化は、失業の増大と実質賃金の低下と結びついて、ＰＡＳＯＫ政権と労働者の離間をもたらしたといえ、それは一九八九年の選挙結果にあらわれたといえる。一人当りの消費支出は、この時期にも増加する傾向を示していたが、貯蓄水準は七一年以降で最低であった。とはいえ、この時期には、健康保険制度の改善、教育改革、社会改革が実施されたため、生活水準の低下はみられなかった。ＥＣ加盟はギリシア経済の成長にポジティヴな影響を与えたが、国際収支の改善には結びついていなかった。

ＰＡＳＯＫ政権の経済政策は、全体的にみて、長期的な視座でギリシア経済の自立性を促進するためのものであったと評価できる。とりわけ、外国資本の直接投資および独占資本の投資の制限と中小企業を優遇した金融政策が、長期的には経済の成長に好適な成果を生み出したといえる。

ポスト冷戦期のギリシア政治と社会

一九八九年の東欧社会主義体制の崩壊は、ギリシアにとっては対岸の火事であり、当初はほとんど影響も感じられなかった。この年、ギリシアではＰＡＳＯＫ政権崩壊後の政治的空白が生じ、六月の選挙で過半数を制する政党があらわれなかったため、右派と共産党の連立したザンネタキス内閣が暫定的に政府を運営したが、十一月におこなわれた総選挙後も状況は変わらず、挙国一致のゾロタス内閣が暫定政権を引き継いでいた。九〇年四月の総選挙では新民主党が三〇〇議席のちょうど半数の一五〇議席を獲得してミツォタキス政権が成立したが、この選挙でも共産党は従来どおりの一〇％の支持を失わなかった。社会主義体制の崩壊は、共産党の影響力後退にも、ＰＡＳＯＫの左派ナショナリズムにも、新民主党の保守的親欧路線にも顕著な影響をおよぼさなかったのである。しかし、九〇年の暮れからユーゴスラヴィアの政情不安の兆しが見え始めると、ギリシアはポスト社会主義期の動揺に直接巻き込まれていった。

二十世紀のバルカン諸国のなかで、ギリシアは特異な位置を占めつづけてきた。トルコとの住民交換によって、統計上はほぼ純粋なギリシア民族の国家となったことにより、バルカンで一般にみられる少数民族問題とは無縁の存在に映ることもそのひとつである。ギリシアではすでに戦間期にロマの文化団体が結成され、東欧ではもっともロマの文化的権利が手厚く保護されてきたし、西トラキアには一〇万人程のムスリム・マイノリティが教育・宗教の面での自治権を与えられて暮しており、相対的にみて、マイノリティに寛容な社会を維持してきたため、マイノリティの存在が、国家統合にとって大きな脅威となる可能性はほとんどない。公式統計上はあらわれないが、このほかに、ロマンス系言語を母語とするヴラヒと呼ばれるエスニック・グループが各地に分布しているが、彼らはイピロスを除くとコンパクトな集住地をもたず、ほかのギリシア市民とまざりあいながら暮しており、ほぼ完全にギリシア社会に同化しているといえよう。ギリシア政府が、唯一、潜在的に警戒しつづけているエスニック・グループは、北部に暮しているスラヴ系ギリシア市民であるが、彼らも政治的な意味で団結してはおらず、公然と自治要求を掲げているわけではない。

しかし、ポスト社会主義期にはあらたなエスニックな要素がギリシア社会に流入し始めた。ゴルバチョフ政権の登場でソ連からの出国制限が緩和されたことと、一九八一年のEC加盟以後のギリシア経済の安定化が重なって、ソ連領からの移住者が八〇年代末以来増加し始めたが、ソ連崩壊後の経済危機は移民の流出に拍車をかけることになった。ギリシアに移り住んでくる人々の大半は、十八世紀以来、ウクライナ南岸に入植したギリシア系農民や住民交換の際にカフカース方面に移住した小アジアのギリシア人の子孫たちであるが、そのほとんどは言語的にロシア化しており、ギリシア社会への再統合には、彼らの言語的文化的同化、経済的保護などの多くの問題が生じている。さらに、九〇年代には、ユーゴスラヴィア、ブルガリア、アルバニアなどからの人口流入が進んでいるが、そのほとんどが不法滞在者であるとされ、とりわけ、アルバニアからの就業ビザをもたない労働者の流入は、対アルバニア関係が冷えきっていることから、しばしば政治問題化している。

旧ソ連諸国からの移民は、慢性的な赤字に苦しむ国家財政にとっても負担となっている。ギリシア経済は一九七〇年代の工業化の進展と輸出の拡大によって、全輸出に占める農産品の割合は六〇年の九一%から、九四年には三三%となったように、伝統的な農業国のイメージを大きく脱却した。しかし、七九年の第二次石油ショック以後、石油輸入が国際収支を圧迫し、観光、海運、移民送金などによって一部をカバーしているものの貿易赤字が拡大しつづけている。国際収支の悪化に加えて、経済成長の停滞、失業増、財政赤字も慢性化している。失業率こそ九四年には九・七%であったが、一人当りの国民総生産は九三年で七三九〇ドルとEU加盟国でもっとも低い経済水準にある。しかし、実際に生活してみると、物価水準は公式の賃金水準と比べて割高であり、国民生活は統計にあらわれる以上に豊かであるようだ。この公式統計と実体経済のズレは、政府が把握しきれない闇経済の存在によって説明されている。ギリシアでは、自営業、中小企業が多く、こうした部門が実際には経済全体の六~七割を占めているといわれるが、個人事業者は税負担を軽減するために過小に利益を申告するため、経済の実態は統計にあらわれるものより大きく、政府が把握していない闇経済は全体の四割にのぼるともいわれている。政府は、これに対抗して間接税の徴収強化をおこなっているが、その効果は疑わしい。

ギリシアは十九世紀以来、経済発展を一貫して国家セクターが主導してきたが、一九八〇年代のPASOK政権の国有化政策はこれを加速化し、九〇年代の公式統計によると、GDP(国内総生産)に占める公的部門の割合は六〇%をこえていた。慢性的な税収不足に加えて、非効率的な公営企業は財政赤字を拡大したが、対外債務も大きく、九四年にはGDP比一一二・一%に達していた。こうした要因により、八〇年代にはインフレが進んだため、ECの指導もあって、九一年以来、政府はインフレ抑制に取り組み、インフレ率は継続して改善されつづけているが、それでも年平均一〇%前後を維持している。九〇年代には三〇〇におよぶ公営企業の民営化が経済政策の最大のポイントとなり、九二年にギリシア最大のセメント会社へラクレスがイタリア企業に売却されたのをはじめ、この年だけで四五の公営企業が売却、清算された。しかし九四年にギリシア電信電話公社の株式売却が、予想売却益が当初予測を大きく下回ったため延期されたように、民営化のペースは緩慢であった。

財政危機に対処するため、九〇年にPASOKにかわった新民主党のミツォタキス政権は、公共料金引上げや賃金抑制などの緊縮政策をおこなったが、その影響で九三年の総選挙では敗北し、ふたたび、PASOKが政権に返り咲いた。しかし、政権交替後も財政再建の課題は変わらず、EUからの突上げによって、パパンドレウ政権も九四年九月に新税法を導入して税収強化をはかるとともに、公務員削減、賃金切下げなどの緊縮財政をおこなったが、こうした経済政策への不満から、ストライキがあいつぐ事態となった。パパンドレウは九六年に引退し、その後継首相となったシミティスは、九月に繰上げ総選挙を実施して政権基盤を固めたが、欧州通貨統合にそった財政赤字削減、民営化推進路線に変化はなく、PASOKと新民主党の政策上の差異はますます小さくなっている。

バルカン危機とギリシア外交

ギリシアとユーゴの関係は、カラマンリス政権の友好促進政策によって一九八〇年代末までは良好であったが、ユーゴ側がギリシア北部での「マケドニア人少数民族の抑圧政策」を非難し、これに応じてパパンドレウ政権が両国国境に計画されていた自由経済地区の設置案を拒否したため、九〇年代初頭には、一時、険悪となっていた。こうした状況のなかで、九一年夏をむかえたが、ミツォタキス政権はEC、アメリカ、国連が進めるユーゴ連邦の維持政策を支持し、ユーゴとの友好関係継続を望んだ。ギリシアの農産物にとってユーゴは、ヨーロッパ市場へのもっとも重要な輸送路であったし、ユーゴの政情不安が将来的にもたらすであろうバルカン全体の動揺は、ギリシアの国益にとってはかりしれない打撃を与えることを危惧したからである。そのため、ギリシアは九一年七月にドイツがクロアチアとスロヴェニアの独立承認の方針を表明すると激しく反発し、ユーゴ連邦の保全を強く求めたのであった。しかし、ドイツの強硬論に呼応したユーゴ内部の分離主義勢力の活動激化による事態の悪化によって、国際世論がユーゴ解体やむなしに傾いていくと、ギリシアがイニシアティヴを発揮できる余地はほとんどなくなっていった。これに加えて九一年十一月二十日にマケドニア共和国議会が独立を宣言したことから、国内ではマケドニア民族主義者による北ギリシアへの領土要求の可能性という肥大化した危機意識が沸騰し、ミツォタキス政権は外交政策の重点を「スコピエ共和国」の承認阻止へと切り替えていった。そのため、九二年一月十五日にはほかのEC諸国にならってクロアチアとスロヴェニアの独立を承認したのである。

しかし、これ以後も、ギリシアはユーゴ問題にかんして、ヨーロッパやアメリカとは必ずしも一致しない政策を追求しつづけた。ミツォタキスは一九九二年四月にベオグラードを訪問し、あらたに結成されたセルビアとモンテネグロからなる「ユーゴスラヴィア連合共和国(新ユーゴ)」を「ユーゴスラヴィア社会主義連邦共和国」の正当な継承国家として承認し、従来の外交特権を継続する意向を表明した。この方針は、ボスニア問題を理由にECと国連が反ユーゴ路線を採択したため挫折したが、その後も非公式に新ユーゴとのパイプを維持し、同時にクロアチアなどとも友好関係を樹立して、ユーゴ問題解決のための独自の和平路線を継続した。こうした姿勢は、九三年五月のアテネ会議で、ボスニアのセルビア人指導者カラジッチにバンス・オーエン案の受入れに同意させることに成功したことにも結実した。

一九九三年十月の選挙で、ふたたびパパンドレウが首相に就任したが、ユーゴ問題にたいする独自路線に変化はなかった。政権発足の翌月には外相パプリアスが旧ユーゴ各国を歴訪し、話し合いによる問題解決の道を模索したし、九四年一月にはEU議長国となり、セルビア人側には国連の和平案を基調とした和解を求め、EUとNATO内では、台頭する武力介入の世論をおさえるために努力した。しかし、こうした政策も、NATOによるボスニア空爆をくいとめることはできず、たんにEU内部でのギリシアの孤立化をもたらしたにすぎなかった。

ユーゴ問題でのギリシアの外交政策を、同じ東方正教を信仰するセルビアとの歴史的な友好関係に基づいた情緒的な対応であるとする見方もあるが、ユーゴ問題にたいするギリシアの独自路線の背景には、EU加盟国のなかでユーゴ解体によってもっとも経済的被害をこうむったギリシアの要求が、EU内部で尊重されないことへの不満も無視できない要因である。さらにユーゴ問題の経緯のなかでギリシアが、セルビアだけでなく、クロアチア、スロヴェニア、ボスニアとの友好関係も維持し、相互の対話を求めたこと、また、EU内部で一貫して拒否権を行使しなかったことをみると、ギリシア外交はむしろ現実主義的な判断に基づいて進められたともいえるだろう。現実主義的な判断とは、北部バルカンの安定が、ギリシアの経済的利害にかなったものであり、民族紛争を激化させる安易な独立承認よりも、現状維持を求める思考法である。この点は、一九九八年末以降のコソヴォ危機への対応についてもあてはまる。

ユーゴ解体のプロセスは北部から順に進行していったが、デイトン合意によって、ボスニア問題が解決すると、問題の焦点はコソヴォに移った。コソヴォではアルバニア人穏健派のコソヴォ民主同盟がユーゴ政府への非暴力・不服従運動を続けてきたが、九七年春のアルバニア国内の混乱で軍の武器庫から大量に流出した銃器がコソヴォに流入し、これによって、武装抵抗路線を掲げる急進派のコソヴォ解放軍の活動が活発化した。アメリカ政府は、九八年夏以降、コソヴォ民主同盟にかわってコソヴォ解放軍と手を結び、混乱を口実としてNATO軍のユーゴ派遣を強硬に主張したが、ギリシア政府も世論も、クリントン政権の政策には批判的であった。アメリカの介入政策の背後にみえる、拡大NATOの成果演出の意図ばかりでなく、コソヴォ解放軍がアルバニア本国、コソヴォ、西マケドニアという三つのアルバニアの統一を掲げる極右民族主義組織であり、その政治利用がバルカンの安定を根底から脅かす可能性を秘めていることが介入反対の主たる理由であった。コソヴォのアルバニア人の民族的要求の容認が、大アルバニア主義を現実化させることへの危機感に裏打されていたゆえに、九九年三月にNATOによるユーゴ空爆が開始されると、ギリシア国内の世論は、右派の東方正教会から左派の共産党までが空爆反対にかたまったのであった。

二〇〇一年三月には、スコピエ東方のテトヴォで、アルバニア人武装組織「民族解放戦線」がマケドニア治安当局と内戦状態に突入し、二十一世紀のとば口にして、ギリシア隣国の情勢はにわかに緊張の度合を増した。二〇〇一年八月以降、EUの仲介によって、アルバニア人とマケドニア政府とのあいだで、問題解決のための和解プロセスが進行しつつあるが、状況は混沌としている。二〇〇一年十一月のコソヴォでの総選挙の結果、独立を求めるアルバニア人勢力が政権を獲得し、コソヴォ独立へ向けた動きが顕著になりつつあるが、この動きは、マケドニアの情勢にも影響をおよぼさざるをえないだろう。かりに、コソヴォ独立、アルバニアとの連邦化へと推移していけば、マケドニア問題は、この地域に歴史的な親近感を有するブルガリアを巻き込んだ一大バルカン危機へと進む可能性もあり、これはギリシアにも否定的な影響をおよぼすことになるであろう。すでに、一九九〇年代にはギリシアはマケドニア問題にかんして外交危機を経験している。

一九九〇年の旧ユーゴスラヴィア・マケドニア共和国の選挙で三つのマケドニアの統一を掲げる内部マケドニア革命機構・マケドニア民族統一民主党が第一党に躍進し、さらに九一年に独立を宣言したことによって、ギリシア国内では反マケドニア世論が高揚した。ギリシアは「マケドニア」という名称がギリシアの歴史的地域名である（また、ギリシア北部にはマケドニア州が存在する）ことを主張して国名変更を要求し、また新国家の国旗に採用された「ヴェルギナの星」（テッサロニキ近郊のヴェルギナの遺跡の出土品に記された紋章、七七年にギリシアの考古学者がこの遺跡がフィリッポス二世の墓であると発表したため古代マケドニア王家の紋章と考えられている）の撤去を要求した。しかし、ギリシアの反マケドニア政策は、EU諸国の理解をえられず、ギリシアの頭越しにマケドニアの国連加盟が承認されるなど、孤立化を深めるなかで、九四年二月には、単独でマケドニアにたいする経済封鎖をおこなった。これはEU内でも激しい反発を受け、九五年九月にアメリカの仲介で両国の和解が成立し、マケドニア側が国称の変更を受け入れるかわりに、ギリシアはマケドニア共和国を承認し、経済制裁を解除することに合意した。

ギリシアの強硬姿勢の背景には、民族主義的動機に加えて、トルコのバルカン進出が顕著になったことへの反発も影響している。トルコのチッレル政権は、内戦当初からボスニアのイゼトベゴヴィチ政権を支持し、同時に、ブルガリア、アルバニアとの関係改善を進めていたからである。さらにトルコのイスラーム復古主義勢力が伸長し、福祉党のエルバカンが首相に就任したことや、イゼトベゴヴィチ政権とアルバニアがあいついでイスラーム諸国会議に加盟したこともイスラーム脅威論を助長した。一九九四年には、ボスニア平和維持軍へのトルコの参加問題が浮上し、ギリシアはユーゴ隣国の参加は内戦を悪化させるとして、これに強く反対したが、その主張は受け入れられなかった。

ギリシア・トルコ関係もポスト社会主義期には悪化の一途をたどっていた。従来のキプロスやエーゲ海大陸棚問題をめぐる対立に加えて、ユーゴ紛争をめぐる問題でも両国の溝は深まり、一九九七年のキプロス事件によって、西トラキアではトルコ系住民の排斥を求める大規模なデモがおこなわれた。こうした状況は、九九年春にクルド労働者党党首オジャランが逮捕された際に、ギリシア政府と外務省がその身柄の保護に関与していたことが明るみにでた事件により頂点に達し、トルコ政府はギリシアをテロ支援国として激しく非難した。しかし、この年の夏にギリシアとトルコであいついで発生した地震被害にたいして両国が助け合ったことから、関係改善の糸口が開かれている。

（佐原徹哉）

財政危機と不透明な将来

先発のＥＵ諸国に遅れること二年後の二〇〇一年、ユーロ導入の基準を満たしたとして、ギリシアはユーロ圏の一員となった。ユーロ導入後は輸入が増加して、経常赤字が膨らんだ。通貨ユーロの信頼を背景に、経済の実力とはかけ離れた好条件で、ギリシアは諸外国から資金を借りることが可能となった。政府は、それを経済・社会の構造改革のために生かすことなく、社会保障分野や公的部門で濫費した。国の財政を圧迫していた年金改革はおこなわれず、公的部門の民営化も遅々として進まなかった。二〇〇四年夏に開催された、アテネ・オリンピックのためのインフラ整備資金の調達も、財政悪化に拍車をかけた。かねてからの脱税行為や汚職には歯止めがかからず、恒常化した。

二〇〇四年から政権を担っていた新民主党（ND）に代わって、二〇〇九年九月、PASOKが政権に返り咲いた。新政権は、前政権が財政赤字を過少申告していたとして、大幅な修正をした。これを引き金に、ギリシアの財政問題は、ユーロ圏全体の危機を招いただけでなく、世界の経済に波紋を広げることとなった。

この危機に対応するべく、二〇一一年十一月、PASOKとNDの連立による暫定政権が樹立された。新政権はギリシア支援の見返りに、EUと国際通貨基金（IMF）が課した、緊縮策の実行を約束した。二〇一二年五月、緊縮策の是非を焦点とした総選挙が実施された。緊縮策に反対する急進左派連合（SYRIZA）が大躍進し、緊縮策継続を唱えるNDとPASOKは惨敗した。ただ、政権交代にはいたらず、翌六月に再選挙が実施された。僅差で急進左派連合に勝利したNDが、PASOKと民主左派との連立政権を樹立した。

NDの党首サマラスを首相とする連立政権は、政治・社会・経済すべての領域での抜本的な構造改革に取り組む姿勢を示すことで、危機からの脱却を訴えた。一方で緊縮策は継続し、増税の実施、新税の導入、年金の減額や支給年齢の引き上げ、肥大化した公務員の削減、公的セクターの民営化などの施策を実行に移そうとした。しかしながら、緊縮策に反対する国民のデモが収束することはなく、経済が好転する兆しもみえなかった。

財政危機の元凶をつくった二大政党NDとPASOKの連立政権は、結局、国家再生の道筋をつけることができなかった。政府と国民のあいだに信頼関係が築かれることもなかった。ギリシア社会は出口の見えない閉塞感に包まれた。

この閉塞状況は、前回の総選挙で第二党に躍進したSYRIZAに有利に働いた。経済的な苦境のために、EUの大国の言いなりになる「二級市民」の地位に貶められていると感じたギリシア国民は、二大政党に見切りをつけた。国民は、緊縮策撤回を公約としたSYRIZAに希望を見出した。二〇一五年一月の総選挙で、SYRIZAはついに第一党となった。党首ツィプラス首相のもと、緊縮策に反対するEU圏で最初の政権が誕生した。SYRIZA政権の誕生は、ヨーロッパの既存の政治勢力にとって脅威となり、左翼勢力は変革への大きな期待を抱いた。

緊縮策の撤回という公約を実行すべく、SYRIZAは早速EUとの交渉に臨んだ。しかし、EUはSYRIZAの要求に耳を貸さなかった。交渉は難航し、追い詰められたSYRIZAは、債権団から提示された新たな緊縮策の受入れを争点として、七月に国民投票を実施した。結果は緊縮策受入れ反対が六一・三八%だった。しかし、EUはこの国民投票を完全に無視する態度を貫いた。それどころか、以前よりもさらに厳しい緊縮策を示し、拒否の場合はギリシアのユーロ圏離脱も覚悟するようにと警告した。SYRIZAは最終的にEUに屈服し、緊縮策を受け入れるしかなかった。国民の失望は大きかった。

財政危機が継続するなか、SYRIZA政権は新たな問題に直面した。難民の大量流入である。二〇一五年の春以降、中東情勢の悪化を背景に難民が急増した。その数は前年の二〇倍超の八六万人にのぼった。キプロスを除くと、ギリシアは難民発生国から最も近いEU加盟国である。このため、難民はヨーロッパでのよりよい暮らしを求めて、トルコ経由で海路ギリシアに渡るルートをとった。六〇〇〇を超えるエーゲ海の島々を領有するギリシアが、難民の流入を阻止することは不可能に近い。加えて、人道的見地からも難民救済は必要とされた。

難民の到来は、ギリシアのみにとどまらず、全ヨーロッパの問題となった。受け入れ難民の配分数をめぐって、EU内に亀裂が生じた。難民問題処理に発生する費用は、EUからの援助を差し引いても、財政的に余裕のないギリシアにとって大きな負担となった。

EUに屈服した後、SYRIZAの主要な役割は、EUと良好な関係を保ち、緊縮策を粛々と実行するという点に絞られた。幸い緊縮策の最後の段階に入ると、わずかではあるが、ギリシア経済が成長の兆しを見せはじめた。二〇一八年八月、ギリシアはEUの支援から最終的に脱却した。しかしながら、ギリシアは現在もなお莫大な債務を抱えている。ギリシアが抱える経済問題は、急性期から慢性期に移行したとみるべきだろう。

SYRIZA政権の外交上の業績として特筆すべきは、隣国マケドニアに国名の変更を認めさせたことである。二〇一九年二月、マケドニアは北マケドニアと改称した。両国民の間になお歴史認識をめぐる問題が残るとはいえ、SYRIZA政権下で、とりあえずの政治的決着はついた。この決着は国際社会から歓迎された。

二〇一九年七月の総選挙では、ＳＹＲＩＺＡは野党第一党に陥落した。勝利したのは、ＮＤである。財政危機時に「緊縮／反緊縮」をめぐり複数の政党が乱立した状況は一掃され、「左派／右派」を軸とする二大政党の体制に回帰した。国民はＮＤに財政危機の責任の一端があることを忘れていない。移民やジェンダーの問題に対するＮＤの保守的な姿勢に疑問を投げかける声もあったが、ＳＹＲＩＺＡへの批判が、ＮＤの政権奪取をもたらした。

二〇二〇年、世界はコロナ禍におちいった。緊縮策により、公的医療システムへの支援は大幅に減少していた。隣国イタリアの死亡者激増のニュースは国民を恐怖に陥れた。ＮＤ政権は、厳格な移動制限の実施をふくめ、迅速かつ有効な対応をみせた。その結果、ギリシアはヨーロッパにおいて、もっとも死亡率の少ない国のひとつとなった。一方、コロナ禍はギリシアの主要産業である観光業に大きな打撃を与えた。二〇二〇年は、ギリシア独立戦争一〇〇周年で、国内だけでなく、世界中のギリシア人・ディアスポラで様々な記念行事が企画されていた。コロナ禍は、その実施を困難にした。

二〇二三年六月、総選挙が実施され、ＮＤの第二次政権が発足した。コロナ禍という危機が収束しつつある現在、平時におけるＮＤの本当の実力が試される時がきている。

（村田奈々子）

鈴木 董　すずき　ただし

1947年生まれ。東京大学大学院法学政治学研究科博士課程修了，法学博士
東京大学名誉教授
主要著書：『オスマン帝国——イスラム世界の柔らかい専制』(講談社 1992)，『オスマン帝国の権力とエリート』(東京大学出版会 1993)，『イスラムの家からバベルの塔へ——オスマン帝国における諸民族の統合と共存』(リブロポート 1993)，『オスマン帝国の世界秩序と外交』(名古屋大学出版会 2023)

村田 奈々子　むらた　ななこ

1968年生まれ。東京大学大学院総合文化研究科博士課程単位取得退学
ニューヨーク大学大学院歴史学科博士課程終了，Ph.D.(History)
現在，東洋大学文学部教授
主要著書：『ギリシアを知る事典』(共著，東京堂書店 2001)，『ギリシア語のかたち』(白水社 2004)，『物語 近現代ギリシャの歴史』(中央公論新社 2012)，『学問としてのオリンピック』(共編，山川出版社 2016)

佐原 徹哉　さはら　てつや

1963年生まれ。東京大学大学院文学研究科博士課程中退，博士(文学)
現在，明治大学政治経済学部教授
主要著書：『近代バルカン都市社会史——多元主義空間における宗教とエスニシティ』(刀水書房 2003)，『ボスニア内戦』(有志舎 2008)，『中東民族問題の起源』(白水社 2014)，*War and Collapse: World War I and The Ottoman state* (共著，Utah U. P. 2016)，*1989 yılında Bulgaristan'dan Türk Zorunlu Göçünün 30. yılı* (共著，Trakya U. P. 2020)

■索　　引

人名索引

●ター卜

●ナーノ

●ハーホ

●マーモ

事項索引

●ヤ—ヨ

●ラ—ロ

■写真引用一覧

1……*Recueil de Cent Estamps Representant du Differentes Marquis de Feriol'un*, Paris, 1714.

2……N. Çam, *Turkish monuments in Greece*, Ankara, 2000.

3……*Istoria tu Elliniku Ethnus: O Ellinismos ipo Kseni Kiriarhia (periodos 1669-1821) Turkokratia-Latinokratia*, tomos 11, Athina, 1975.

4……*Istoria tu Elliniku Ethnus: Neoteros Ellinismos apo 1833 os 1881*, tomos 13, Athina, 1977.

5……Z. Mitsotaki, *O Dimosiografos Eleutherios Venizelos, Sta Hronia Tis Kritis (1887-1910)*, Athens, no date.

6……I Neoteri Kai Sighroni *Makedonia*, vol. 2., Thessaloniki, no date.

7……*Istoria tou Ellinikou Ethnous, Neoteros Ellinismos aro to 1913 as to 1941, Vraveio Akadimias Athinon*, 1980, Athens.

p.48右——1, p.70
p.48中——1, p.69
p.48左——1, p.67
p.53——2, p.192
p.66——3, p.337
p.89——4, p.23
p.116——5, p.274
p.129——7, p.388
p.133——6, p.115

執筆者紹介（執筆順）

桜井 万里子　さくらい　まりこ
1943年生まれ。東京大学大学院人文科学研究科修士課程修了，博士（文学）
東京大学名誉教授
主要著書：『古代ギリシアの女たち』（中央公論社 1992），『古代ギリシア社会史研究――宗教・女性・他者』（岩波書店 1996），『ソクラテスの隣人たち（歴史のフロンティア）』（山川出版社 1997），『古代ギリシア人の歴史』（刀水書房 近刊）

周藤 芳幸　すとう　よしゆき
1962年生まれ。東京大学大学院人文科学研究科博士課程修了，博士（文学）
現在，名古屋大学大学院人文学研究科教授
主要著書：『古代ギリシア 地中海への展開』（京都大学学術出版会 2006），『ナイル世界のヘレニズム エジプトとギリシアの遭遇』（名古屋大学出版会 2014），『古代地中海世界と文化的記憶』（編著，山川出版社 2022）

澤田 典子　さわだ　のりこ
1967年生まれ。東京大学大学院人文社会系研究科博士課程修了，博士（文学）
現在，千葉大学教育学部教授
主要著書：『アテネ 最期の輝き』（岩波書店 2008），『アテネ民主政』（講談社 2010），『アレクサンドロス大王』（山川出版社 2013），『古代マケドニア王国史研究』（東京大学出版会 2022）

井上 浩一　いのうえ　こういち
1947年生まれ。京都大学大学院文学研究科博士課程単位取得退学
大阪市立大学名誉教授
主要著書：『生き残った帝国ビザンティン』（講談社 1990），「ビザンツ皇妃列伝』（筑摩書房 1996），『ビザンツとスラヴ（世界の歴史11）』（共著，中央公論社 1998），『歴史学の慰め――アンナ・コムネナの生涯と作品』（白水社 2020）

『新版　世界各国史第十七　ギリシア史』
二〇〇五年三月　山川出版社刊

YAMAKAWA SELECTION

ギリシア史《し》　下

2024年４月15日　第１版１刷　印刷
2024年４月25日　第１版１刷　発行

編者　桜井万里子《さくらいまりこ》

発行者　野澤武史

発行所　株式会社山川出版社
〒101-0047 東京都千代田区内神田1-13-13
電話03(3293)8131(営業)8134(編集)
https://www.yamakawa.co.jp/

印刷所　株式会社太平印刷社

製本所　株式会社ブロケード
装幀　菊地信義＋水戸部功

ISBN978-4-634-42409-8